Dados Internacionais de Catalogação na Publicação (CIP)
(Câmara Brasileira do Livro, SP, Brasil)

Figueiredo, Lenita Miranda de
História da arte para crianças / Lenita Miranda de
Figueiredo. -- São Paulo : Cengage Learning, 2023.

3. reimpr. da 11. ed. de 2011.

1. Arte (Ensino fundamental) I. Título

10-05542
CDD-372.5

Índice para catálogo sistemático:
1. Arte : Ensino fundamental 372.5

11ª EDIÇÃO

LENITA MIRANDA DE FIGUEIREDO
(TIA LENITA)

Austrália • Brasil • Japão • Coreia • México • Cingapura • Espanha• Reino Unido • Estados Unidos

História da Arte para Crianças – 11ª edição
Lenita Miranda de Figueiredo

Gerente Editorial: Patricia La Rosa

Editor de Desenvolvimento: Noelma Brocanelli

Supervisora de Produção Editorial: Fabiana Alencar Albuquerque

Copidesque: Alessandra Maria Silva

Revisão: Maria Dolores D. Sierra Mata e Daniele Fátima

Diagramação: Cia. Editorial

Capa: Ventura Design

Projeto gráfico: Megaart

Ilustrações: Paulo Borges

Pesquisa iconográfica: Graciela Naliati

© 2011 Cengage Learning. Todos os direitos reservados.

Todos os direitos reservados. Nenhuma parte deste livro poderá ser reproduzida, sejam quais forem os meios empregados, sem a permissão, por escrito, da Editora. Aos infratores aplicam-se as sanções previstas nos artigos 102, 104, 106 e 107 da Lei nº 9.610, de 19 de fevereiro de 1998.

Esta editora empenhou-se em contatar os responsáveis pelos direitos autorais de todas as imagens e de outros materiais utilizados neste livro. Se porventura for constatada a omissão involuntária na identificação de algum deles, dispomo-nos a efetuar, futuramente, os possíveis acertos.

Para permissão de uso de material desta obra, envie seu pedido
para **direitosautorais@cengage.com**

©2011 Cengage Learning. Todos os direitos reservados.

ISBN-13: 978-85-221-0758-2
ISBN-10: 85-221-0758-0

Cengage
WeWork
Rua Cerro Corá, 2175
Alta da Lapa – CEP 05061-450
São Paulo – SP
Tel.: (11) 3665-9900 – Fax: (11) 3665-9901

Para suas soluções de curso e aprendizado, visite
www.cengage.com.br

Impresso no Brasil.
Printed in Brazil.
3. reimpresão de 2023

A minha mãe Almerinda, soprano lírico, poeta, que me deu a vida e me
ensinou a amar a Arte em todas as dimensões.
(in memoriam)
Ao meu filho Marcelo, superdotado, conhecedor das galáxias, dos mistérios
humanos e que me abriu novas perspectivas para esta edição.
A José Geraldo Vieira e Paulo Duarte, meus incentivadores
na produção desta obra.
(in memoriam)

Sumário

Aos pais e professores IX
Prefácios XI
Arte na Pré-História 17
Cavernas e Sambaquis Brasileiros 25
Arte Egípcia 33
Mesopotâmia 51
Arte na Grécia 57
Arte Etrusca 69
Arte Romana 73
Arte Cristã Primitiva 84
Arte Bizantina 86
Arte Românica 89
Arte Gótica 95
Arte Chinesa e Japonesa 100
Arte na Índia 105
Renascença 107
Barroco e Rococó 113
Academismo 118
Neoclassicismo 124
Romantismo 129
Realismo 132
Impressionismo 135
Expressionismo 144
Fovismo 150
Cubismo 154
Futurismo 162
Abstracionismo 165
Dadaísmo 167

Concretismo..172
Surrealismo..173
Tachismo 177
Grafismo 179
Pop-Art 181
Op-Art...182
Cândido Portinari 183
Em Paris...194
Bibliografia...196

Aos Pais e Professores

ste livro foi escrito com a finalidade de orientar as crianças pelos fascinantes caminhos da Arte. Não existia uma obra que condensasse toda a História da Arte, desde a Idade da Pedra até os tempos contemporâneos. Segundo a Comissão de Artes Plásticas da Secretaria de Estado da Cultura de São Paulo, "este livro vem suprir uma séria lacuna entre nós".

Em quarenta mil anos de Arte, fui buscar no Humanismo e na História, fatos dramáticos, pitorescos e cômicos, para melhor entreter, informar e divertir as crianças, tornando-lhes mais tentadora e amena a compreensão e a leitura.

Foi construída uma história dentro da história principal, que é a evolução da Arte através dos tempos. Pode este livro parecer factual, incompleto, mas, na verdade, seria impossível dentro do limite de espaço para o texto e ilustrações focalizar todos os artistas, escolas e tendências. Pode até parecer que houve uma escolha arbitrária de um artista em detrimento de outro. Porém essa escolha, além de circunstancial, é, também, muito pessoal, não podendo a autora eximir--se de suas simpatias e preferências.

O certo seria não se escrever sobre obras infantis que não pudessem ser fartamente ilustradas, para que o texto não parecesse vazio e inútil, uma vez que se trata de obras de Arte que as crianças desconhecem. Entretanto, como este livro tem caráter didático e pedagógico, presume-se que as crianças de menor idade sejam conduzidas pelos professores, pais, enfim, pelos adultos, a uma compreensão mais detalhada dos textos sem ilustrações.

Três anos de intenso trabalho, pesquisa e reflexão foram despendidos na realização deste livro. Tentei fazer o melhor para dar às crianças desta geração uma visão mais detalhada e simplificada da História da Arte. Falhas e omissões podem ter ocorrido, mas o que vale, na verdade, é a essência da obra nascida de uma árdua tarefa e de um persistente sonho. Embora não seja esta uma obra definitiva, mais do que tudo reflete o estremado amor e respeito que sempre dediquei à infância.

Tenho a convicção de que as crianças que tanto amo terão por mim um sentimento de ternura e compreensão, por tudo o que esta obra representa. Além do trabalho da pesquisa, deparando sempre com a discrepância das informações, as divergências das datas e fatos nas diversas obras consultadas, tive que enfrentar, também, a paixão dos autores, a que fui induzida a juntar a minha própria paixão. Tudo isso cercou a obra de sérias dificuldades, sacrifícios e, muitas vezes, de exaustão. Mas este livro não teria sido possível sem a colaboração de uma equipe especializada que deu o máximo de si neste empreendimento de proprocionar à criança, um livro útil, além de bonito e de enriquecimento artístico e cultural. Se uma criança, por causa dele, puder ter uma visão melhor do mundo e uma compreensão maior do homem diante da sua obra, estarei tão recompensada, o quanto ela estará feliz.

Meus agradecimentos à Noelma Brocanelli, Editora, paciente pesquisadora que, em inúmeras circunstâncias me ajudou a tornar este trabalho mais correto.

Mesmo sabendo que a crítica é sempre mais fácil do que o louvor, se alguém me perguntar se valeu a pena escrever este livro, responderei com as conhecidas palavras de Fernando Pessoa: "Tudo vale a pena se a alma não é pequena".

Lenita Miranda de Figueiredo
São Paulo, 1982

Préfacios

Era uma vez um país chamado Brasil. Nesse país, de 125 milhões de habitantes poucos, muito poucos se interessavam por uma espécie de mágica, algo muito claro e definido chamado Arte.

As pessoas sabiam que desde o começo dos tempos das cavernas essa tal de arte já existia. Defini-la em termos mais objetivos, entretanto, foi ficando cada vez mais difícil. Este livro é uma tentativa de tornar mais fácil a compreensão, o entendimento dessa coisa chamada Arte.

Uma daquelas poucas pessoas das 125 milhões um dia acordou e, sem ter uma varinha de condão, centenas de duendes, elfos e anões à sua disposição, decidiu escrever esta história que não é estória.

Bruxas, feiticeiras, vilões tentaram impedi-la. Fizeram de tudo para que o livro não chegasse ao prelo. Mas não conseguiram. Lenita Miranda de Figueiredo alimentou seu sonho, com as dificuldades, transformando o ideal na realidade que é este livro.

Não há nada mais gratificante do que vê-lo sendo impresso, depois de ter lido o rascunho das primeiras páginas.

É bom saber que em 1982, nestes frios e cinzas dias de inverno, há um livro, destinado a crianças, adolescentes, sendo rodado. Quando lembro que na minha infância, na minha adolescência, como na de muitos até agora, praticamente nada existia no gênero, é reconfortante saber que a partir de agora, graças à dedicação, decisão e obstinação de Lenita Miranda de Figueiredo, aquela coisa mágica é menos misteriosa.

Carlos von Schmidt
11 de agosto de 1982
(Em 2010, o Brasil tem 190 milhões de habitantes)
Membro da Associação Paulista de Críticos de Arte,
Associação Brasileira de Críticos de Arte,
Associação Internacional de Críticos de Arte,
Editor e Crítico de Arte do Jornal "Artes"

Há muito que se fazia necessário um livro de Arte dedicado às crianças.

Lenita Miranda de Figueiredo, uma das criaturas mais versáteis que conhecemos – jornalista, romancista, musicista, pintora, tia Lenita da criançada brasileira –, foi quem pensou em escrever uma encantadora história de duas crianças preparadas pelo tio, para fazer uma viagem pelo mundo das artes.

Assim nasceu este livro: "História da arte para crianças".

Acompanhamos o trabalho de tia Lenita desde quando ela começou a colocar no papel as primeiras idéias. O enredo, habituada como está em escrever para crianças, brotou espontaneamente. O grande problema surgiu quando teve que resumir 40.000 anos de Arte numa linguagem acessível aos pequeninos. Mas ela o resolveu brilhantemente.

Para que o interesse fosse maior, Lenita incluiu na estória acontecimentos pitorescos ligados ao assunto, com o intuito de despertar ainda mais o interesse dos leitores mirins.

E o que nos parecia uma missão impossível acabou sendo realizada, porque Lenita Miranda de Figueiredo pertence ao grupo das pessoas privilegiadas que sabem o que querem e, o que é mais raro, como fazê-lo.

Ernestina Karman
10 de agosto de 1982.
Membro da Associação Brasileira de Críticos de Arte.
Associação Paulista de Críticos de Arte,
Comissão de Artes Plásticas da Secretaria de Estado da Cultura.

Divisão Histórica do Tempo

Antiguidade
Vai da Pré-História até 395 d.C.
(com a morte de Teodósio I).

Média
Vai de 395 d.C. até 1453
(com a tomada de Constantinopla pelos turcos).

Moderna
Vai de 1453 até 1789
(com a Revolução Francesa). Aí começam os tempos
contemporâneos até nossos dias.

Num domingo ensolarado, aproveitando o começo das férias escolares, Daniela e Marcelo foram passar uma semana na casa de tio Emílio. Ele acredita que a Arte, ensinada desde a infância, prepara a sensibilidade das crianças para apreciar as belezas do mundo e reforça os verdadeiros valores espirituais que nada pode destruir. Assim, considerando que os sobrinhos aprenderiam muito com uma viagem à Europa, presenteou-os com as passagens, uma vez que seu irmão e cunhada, que moram em Paris, poderiam hospedar e ciceronear as crianças pelo Velho Mundo.

Daniela e Marcelo já viajaram pelo Brasil inteiro e agora vão ver de perto as grandes obras de artistas de todos os tempos: pinturas, esculturas, igrejas, monumentos, enfim, muitas obras que já conhecem pelos livros.

No convívio com os pais, avós e tios, e no hábito da leitura, as crianças aprenderam muito sobre a Arte e sua fascinante história. Mas, para guiá-los pelos países que visitarão, o tio achou melhor dar-lhes uma visão geral da Arte, preparando-lhes um roteiro para as galerias e museus, especialmente para o Museu do Prado, em Madri (Espanha), Museu do Louvre, em Paris (França), Palazzo Degli Ufizzi (Palácio dos Ofícios) e Academia, em Florença (Itália).

Tio Emílio reuniu os meninos em sua biblioteca, acreditando que ali seria o melhor lugar para o bate-papo, pois teriam à mão livros, projetor, slides, DVDs e outros materiais sobre Arte.

– A grande aventura de vocês – disse o tio – vai começar quando forem subindo as escadarias do Museu do Louvre e depararem com a "Vitória de Samotrácia".

– Eu sempre gostei muito dela – exclamou Marcelo, tocando as asas da estátua que estava sobre a mesa, uma réplica perfeita da Vitória de Samotrácia que o tio trouxera de Paris.

Marcelo e Daniela, admirando a cópia da "Vitória de Samotrácia" que tio Emílio trouxe de Paris.

— Vejam — mostrou aos sobrinhos —, mesmo nesta cópia pode-se notar a sua perfeição e majestade. A obra original foi esculpida em mármore grego, no fim do século IV a.C. Acredita-se que foi criada para decorar a proa de uma embarcação, em comemoração à vitória de Demétrio I sobre a esquadra egípcia.

— Por que ela não tem cabeça? — perguntou Daniela.

— A obra foi encontrada assim, mutilada, sem a cabeça e os braços, na Ilha de Samotrácia, em 1863. Observem a perfeição do manto esvoaçante sobre as formas do corpo. É uma belíssima obra de Arte.

— Tio, na escola, a professora perguntou o que era Arte e ninguém soube responder — contou Daniela.

— É muito difícil, na verdade, defini-la. A Arte pode ser sentida, compreendida, mas não definida. Entretanto, posso dizer em minha maneira de sentir e pensar que Arte é a expressão de uma ideia, de uma emoção, de um sentimento, por meio de imagens e símbolos. A Arte ensina a vida em toda a sua dimensão e é tudo o que nos encanta os olhos e nos sensibiliza o coração. Arte pode ser uma pintura, uma escultura, um desenho a bico de pena, uma sinfonia, um texto...

– Uma estátua de mármore – acrescentou Marcelo –, uma igreja...

– Já sei! – interrompeu Daniela. – Uma fotografia, um filme...

– Um cartaz, um pôster – gritou tia Marta lá do corredor.

– Só falta o cachorro entrar na conversa – disse Daniela, olhando o cão de estimação da família que acabava de chegar e a quem o tio batizou carinhosamente de Michelangelo, por ser grande admirador do artista da Renascença, MICHELANGELO Buonarroti (1475-1564).

– Tio, se um artista fizesse o retrato do nosso cachorro, ele viraria obra de Arte?

– Depende, Daniela. Se fosse bem realizado, sim. O que faz a obra de Arte não é o tema, mas a sua realização pelo artista. Muitos cães, gatos, cavalos e pássaros foram retratados por artistas célebres. Vejam os gatinhos e passarinhos que estão aos pés do menino Manuel Osório feito por GOYA, em 1788. O nome completo desse pintor espanhol era Francisco José de GOYA y Lucientes (1746-1828). Ele também pintou cães ao lado da Duquesa de Alba e da Marquesa de Ponteios. Outro pintor espanhol chamado Diego Rodríguez da Silva y VELÁSQUEZ (1599-1660) também retratou um belo e enorme cão junto à

Francisco José de GOYA y Lucientes (1746-1828). "Manuel Osório". Museu Metropolitano de Arte, Nova York (Estados Unidos).

Francisco José de GOYA y Lucientes (1746-1828). "Marquesa de Ponteios".

princesinha Margarida, em sua famosa obra "As Meninas", que vocês terão oportunidade de apreciar no Museu do Prado, quando forem à Espanha. Alguns cães e gatos eram reais, isto é, copiados do natural, outros eram imaginados pelos artistas. Mas tudo isso veremos mais adiante.

— Está vendo só? Há esperanças para você, bichinho – brincou Marcelo, afagando Michelangelo.

À tarde, em meio à conversa, os tios relembraram quando Daniela era pequenina e manifestou grande emoção quando lhe mostraram "La Pietà" (A Piedade), do escultor e pintor italiano MICHELANGELO, que se encontra na Catedral de São Pedro, em Roma (Itália).

— Coitadinho de Jesus! – ela dissera. – Parece que Ele está morrendo no colo de Sua mãe.

— Aproveito esse fato – disse o tio – para explicar que nesta obra, para mim, Jesus já morreu. Entretanto, na La Pietà que se encontra, hoje, na Catedral de Florença (Itália), Jesus ainda está agonizante.

Diego Rodríguez da Silva y Velázquez (1599-1660). "As Meninas". Museu do Prado, Madri (Espanha).

Mostrou-lhes no livro:

— Observem: os músculos de Jesus estão retesados. Suas mãos procuram apoio nas outras figuras. Sua face contrai-se em sofrimento. Parece estar padecendo a dor da agonia. Percebe-se, assim, que Ele *ainda não morreu.*

— Não vejo a hora de ver La Pietà, na Catedral de São Pedro, de perto – exclamou Daniela, comovida.

— Agora, você não a verá tão de perto, pois, há pouco tempo, um louco deu uma forte martelada na escultura, atingindo o nariz da Virgem Maria, que teve de ser restaurado. Agora, só se pode ficar a oito metros de distância da escultura para apreciá-la.

— Que horror, tio! Mas por que esse louco fez isso?

— Sabe-se lá, Marcelo. Como já disse é um louco! Ele foi preso, mas o seu gesto deixou o mundo inteiro consternado. Atentem para um fato importante, crianças: a restauração da obra foi feita por um brasileiro chamado Rodrigo de

Michelangelo Buonarroti "La Pietà".
Catedral de São Pedro, Roma (Itália).

Michelangelo Buonarroti "La Pietà".
Catedral de Florença, Roma (Itália).

Campos. Antes que me esqueça, quero lembrá-los de que MICHELANGELO esculpiu quatro estátuas La Pietà: as outras duas são, a Rondanini, no Palácio Sforzesco, em Milão, e a de Palestrina, na Academia, em Florença; todas na Itália.

As crianças quiseram olhar demoradamente as quatro esculturas de MICHELANGELO, enquanto o tio falava:

– Viram como La Pietà emocionou Daniela? Isso quer dizer que a alma humana pode vibrar de alegria ou de emoção diante de uma obra de Arte, quer pela forma, pela cor ou pelo que pode significar, evocar.

– Por que se diz que a Arte é universal?

– Porque nasceu com o ser humano, Marcelo, e a ele pertence há 40 mil anos. Com a Arte o ser humano deseja sempre desenvolver o seu poder de criar, manifestando, expressando o que sente. O homem das cavernas, segundo muitos acreditam, fazia Arte com objetivos mágicos. O artista moderno já pensa em termos diferentes, procura expressar seus sentimentos, suas emoções, tudo o que o cerca. Por meio da Arte ele pode, também, denunciar, protestar, reivindicar. Agora, Marcelo, procure no livro sobre GOYA o quadro "Os Velhos Tomando Sopa".

– Aqui está. Credo! GOYA os pintou em cores escuras, seus rostos são feios e parecem zangados – observou Marcelo.

– Eles parecem maus! – acrescentou Daniela.

– Eu não diria maus – explicou o tio – mas sim trágicos, miseráveis e famintos. Por isso GOYA os pintou em cores escuras e sombrias. Entretanto, observem que este quadro, "Os Velhos Tomando Sopa", pode ser mais tocante do que uma paisagem, um rosto bonito ou um corpo perfeito, porém sem vida

Francisco José de Goya y Lucientes (1746-1828).
"Os Velhos Tomando Sopa". Museu do Prado, Madri
(Espanha).

e sem expressão. Compreenderam? GOYA procurava revelar a personalidade de seus personagens. Ele foi um grande conhecedor da alma humana. Para ele, o retrato físico era um meio para realizar o retrato moral.

– Ah! eu não gosto deste quadro – exclamou Daniela –, não gosto mesmo, ele é muito triste!

– Aí está – continuou o tio. – Uma pessoa pode gostar muito de um quadro e outra não; certas pessoas podem ser completamente indiferentes a uma pintura, a uma escultura, a um monumento etc. Depende muito, também, da educação, da sensibilidade, da posição social e até da moda do momento.

– Olhe, tio, o retrato que GOYA pintou do infante Don Francisco de Paula. Que fofinho!

– Pois é, Daniela, GOYA mostra, muitas vezes, grande ternura pelas crianças, como é o caso deste retrato. Ele fez os olhos expressarem a alma terna do menino. Vejam que os olhos são dois pontinhos negros que dão grande expressão ao olhar. GOYA era um grande retratista. Pintava as pessoas e os costumes. Bastava um pontinho ou um tracinho nos olhos, e as figuras logo mostravam os sentimentos.

– As pessoas que ele pinta parecem de verdade!

– É mesmo, Daniela! Entretanto, na minha opinião, Arte não é cópia fiel, não é fotografia. É, antes, uma expressão, uma representação, um modo de sentir aquilo que se vê. Na Grécia Antiga, os artistas pintavam frutas tão perfeitas que os passarinhos se enganavam e, pensando que eram de verdade, queriam bicá-las.

– Ontem eu comecei a pintar duas maçãs bem bonitas! – contou Daniela.

– E onde está a obra-prima? – perguntou o tio. – Podemos vê-la?

– Não, porque eu não acabei o quadro.

– Não acabou por quê? – quis saber tia Marta.

– Eu comi os modelos.

– Que bela pintora você é – brincou tia Marta. – Se vai comer todos os modelos, como fez com as maçãs, de agora em diante vou tomar cuidado. Especialmente com a torta de morangos que acabei de fazer para o lanche, caso você resolva pintá-la.

Foi uma gozação geral e Michelangelo latiu, enquanto o tio continuava:

– Aqui está um outro pintor famoso, um dos mais excepcionais de todos: EL GRECO. Seu nome verdadeiro era Domenikos Theotokopoulos (1540-1614).

– Nossa! – exclamou Daniela. – Que nome difícil.

– É verdade. Por isso os espanhóis o chamavam de EL GRECO (O Grego), uma vez que nasceu na Ilha de Creta, na Grécia, em 1540. Viveu em Veneza até mais ou menos 1577 e depois foi para a cidade de Toledo, na Espanha, onde se encontram suas obras mais famosas. Certa vez, em Creta, quando tinha cinco anos, foi à missa com seus pais e ficou encantado com os ícones de Santa Catarina e São Tito, padroeiros de Creta, que adornavam o altar com molduras decoradas a ouro, prata e pedras preciosas.

– O que são ícones? – perguntou Marcelo.

– São pinturas religiosas executadas em painéis de madeira e se encontram nas igrejas russas e gregas. Mas, como ia dizendo, Domenikos achou os ícones lindos e começou a prestar atenção nas pinturas, desenhos e esculturas que via. Aos onze anos iniciou aulas de pintura com o monge Constantino, no Convento de Monte Atos. Um dia o professor pediu a Domenikos para ir buscar três ovos no galinheiro.

– Ovos, irmão Constantino? – perguntou o menino.

– Sim. Isso mesmo, Domenikos. Pois vamos fazer pintura a têmpera.

Domenikos Theokopoulos (EL GRECO) (1540-1614). "Enterro do Conde de Orgaz". Igreja de São Tomé, Toledo (Espanha).

– Quer dizer que eles pintavam com ovos? – perguntou Daniela, achando engraçado.

– Isso mesmo. Domenikos e seus amigos riram muito também, achando aquela ideia absurda. Mas Domenikos obedeceu. Foi apanhar os ovos e voltou para a aula. Aí, o monge quebrou um ovo na beirada de uma vasilha, separou bem a clara da gema; pôs a clara numa tigela e a gema numa outra à qual juntou um pouco de água. Misturou a gema e a água, bem devagar. Depois despejou uma pequena quantidade da mistura numa tigela rasa e juntou uma pitada de um pó escuro.

– Lembrem-se – disse o monge aos alunos. – O pigmento deve ser bem fino, para se misturar com a gema e a água. Quando a tinta estiver preparada é preciso usá-la depressa, senão a gema do ovo seca e perde-se a tinta.

Então, pegou um pedaço de madeira, passou sobre ele uma camada fina de gesso e com um pincel fino pincelou a superfície lisa.

– Que azul bonito o senhor fez! – exclamou Domenikos, vendo o azul desmaiar sobre o branco do painel.

– Agora experimente você – ordenou o monge.

Não foi preciso pedir duas vezes. Domenikos despejou um pouco da mistura na tigela, salpicou um vermelhão e começou a misturá-lo com uma espátula. Fez tudo tão depressa que a mistura formou uma espuma.

– Calma, garoto – exclamou irmão Constantino –, vá devagar! Isso não é mistura para fazer bolhas, afinal você não vai fazer nenhuma omelete!

Marcelo e Daniela riram a valer com as proezas de Domenikos, mas acabaram aprendendo como se faz pintura a têmpera. Enquanto isso, o tio mostrava-lhes as pinturas de EL GRECO.

– Naquela noite – continuou – durante a missa, Domenikos agradeceu a Deus com fervor por ter posto a cor em suas mãos.

– Como as figuras de EL GRECO são compridas! – observou Marcelo, admirando o "Enterro do Conde de Orgaz".

– É mesmo! – concordou Daniela. – As pernas e os braços também são muito compridos!

– Pois é, meninos. EL GRECO pintava as figuras alongadas, esguias, retorcidas, com os membros e o pescoço também longos demais, fora de proporção, isto é, fora da medida normal, o que levava muitos a pensar que ele era míope, que não enxergava direito. Entretanto, ele deformava as figuras propositadamente, para lhes dar maior movimento, maior força de expressão. Há quem diga que ele gostava de espiritualizar suas figuras e por isso alongava-as como se quisesse lançá-las como flechas até o céu, até o supremo ideal, pretendendo assim ficar cada vez mais perto de Deus.

– Olhe este menino no enterro – mostrou Daniela.

– Este menino é uma curiosidade nesta obra. Dizem que é Jorge, o filho do pintor, pois, na pontinha do lenço que sai de seu bolso, o artista assinou seu nome. Neste quadro EL GRECO retratou o momento milagroso em que Santo Agostinho e Santo Estêvão descem do céu para sepultar o Conde de Orgaz, homem muito generoso, protetor dos pobres e restaurador da Catedral de Toledo. Entre os fidalgos está o pároco de São Tomé que foi quem lhe encomendou o quadro.

Muito interessados, Daniela e Marcelo olhavam, atentamente, o quadro.

– Observem – continuou o tio – como os rostos de todas as figuras denotam um sentimento de condolência, de piedade e de profunda tristeza. Os tons cinzentos, as tintas vermelhas e azuis usadas sem exagero são inconfundíveis em seus trabalhos refletem um sentimento íntimo, uma grande melancolia. Outra curiosidade, crianças: EL GRECO também se retratou, vejam. É o cavalheiro que ocupa o sexto lugar, contando da esquerda para a direita, por cima da cabeça de Santo Estêvão que segura o morto pelos pés. Notem os dois planos distintos: o terrestre e o celestial, onde se vê a Virgem Maria, o Criador, os Santos e os Anjos. Vocês terão oportunidade de apreciar esta magnífica obra na Igreja de São Tomé, em Toledo (Espanha).

Durante o lanche, preparado por Sebastiana, com todo esmero, Marcelo pôs-se a folhear um livro de Arte.

– Tio – perguntou –, por que os italianos pintavam mulheres tão gordas?

– Não só os italianos como TICIANO e outros, mas o holandês RUBENS e o francês RENOIR costumavam retratar mulheres gordíssimas, porque, naquele tempo, eram consideradas um ideal de beleza.

– Esta aqui parece um pouco com tia Lazinha – observou Daniela, apontando a ilustração com a mão pequena e rosada.

– É mesmo! – concordou Marcelo. – Tia Lazinha reclama tanto por estar engordando, mas acho que ela ficaria muito feliz em saber que as mulheres gordas eram tipos de beleza, verdadeiras obras de Arte. Podemos mostrar a ela as pinturas de RUBENS e RENOIR.

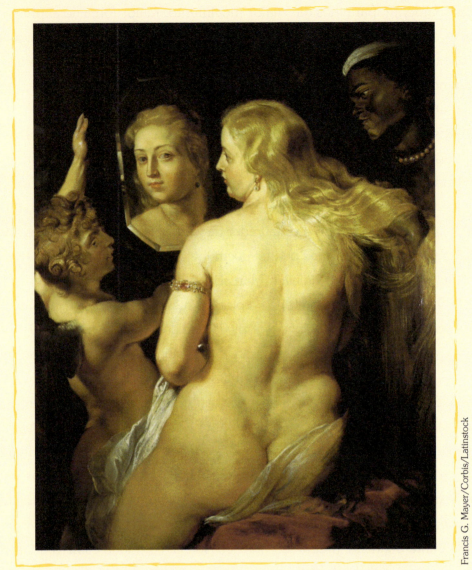

Petrus Paulus Rubens (1577-1640). "Toalete de Vênus".
Coleção Lichetenstein, Vaduz.

– E vocês acham que ela não sabe disso? – falou tia Marta. – O que eu acho, crianças, é que vocês devem fazer uma pausa e terminar o lanche em paz. Afinal, estômago vazio distrai a atenção de vocês para esta aula de Arte.

Todos concordaram muito satisfeitos, mas mesmo com as recomendações da tia, entre um bolinho e um gole de café, o tio foi explicando:

– Por exemplo, meninos, Michelangelo...

Mas assim que pronunciou o nome, o cão ergueu as patas, pousando-as em seus joelhos, abanando a cauda e latindo.

– Ele pensa que é com ele – disse – Daniela, dando uma gostosa gargalhada.

- 14 -

– Quieto, quieto, Michelangelo! – ordenou Marcelo. – Tenha modos, a conversa não é com você, não. Estamos falando de MICHELANGELO Buonarroti e isso nada tem a ver com você, bichão!

O cão acalmou-se e voltou a refestelar-se aos pés das crianças.

– Pois bem – continuou o tio, piscando o olho e acentuando bem o sobrenome de MICHELANGELO.

– O Buonarroti, precursor do Barroco, também fazia a cabeça, os braços e as mãos das figuras de seus quadros e esculturas bem maiores do que o normal, querendo que elas expressassem força, poder, firmeza, o que pode ser notado em duas obras famosas: "David" que está em Florença, e "Moisés" que está em Roma, ambas na Itália.

Após o lanche todos se debruçaram outra vez sobre os livros.

– Aqui está o David – mostrou Marcelo.

– Meninos, é bom que saibam: existem réplicas, isto é, cópias fiéis da estátua de David. A obra original encontra-se na Academia; uma réplica, no Piazzalle Michelangelo. Piazzalle é uma praça grande. A outra cópia está na Piazza Della Signoria. Todas em Florença.

– Quem é este aqui? – perguntou Daniela, pondo o dedo sobre a figura de Moisés.

– É o Moisés da martelada – respondeu Marcelo.

– Que martelada? – quis saber Daniela.

Observando as crianças com ar divertido, tio Emílio foi explicando:

– Este Moisés, esculpido por MICHELANGELO, tem um sinal no joelho que é motivo de uma lenda. Conta-se que quando o artista terminou sua obra, era tão perfeita e parecia tão viva que ele chegou a se esquecer que era de mármore. Tão fascinado teria ficado que se pôs a conversar com a estátua como se ela fosse uma criatura de carne e osso. Mas, como não obtinha nenhuma resposta de Moisés, exclamou furioso: "Parla!" (Fala!), e em seguida golpeou-lhe o joelho com um martelo, deixando ali uma cicatriz que pode ser vista pelos que visitarem Moisés em Roma.

– Coitado! – lamentou Daniela, observando a figura de perto. – Ficou mesmo uma marca no joelho dele!

– Bem, meninos, como vocês viram, a Arte não é, como já disse, um retrato fiel da natureza. Mais do que a imitação da vida, pode ser a expressão da

MICHELANGELO Buonarroti (1475-1564). "Moisés". Igreja de San Pietro in Vincoli, Roma (Itália).

fantasia, do belo, do bom, do triste, e, antes de tudo, uma relação profunda entre o ser humano e o mundo.

O bate-papo estendeu-se por toda a tarde e até depois do jantar. Estavam todos esquecidos da hora quando tia Marta entrou na sala:

– Acho que chega por hoje. Vocês aprenderão muito na viagem – disse carinhosamente, dando uma beijoca em Daniela. – Acho melhor irem todos dormir agora, pois já é muito tarde. A conversa pode continuar amanhã.

Os meninos despediram-se dos tios, subiram as escadas e Michelangelo foi atrás deles, latindo.

– Vem, Michelangelo, vem! – chamava Daniela. – Só que você não é o Buonarroti, viu? E a única coisa que sabe pintar é o sete, não é, seu peludão.

Tio Emílio acendeu o cachimbo e ainda ficou uns momentos conversando com tia Marta, antes que subissem para dormir.

– Nunca vi crianças tão interessadas em Arte como Daniela e Marcelo.

– Pudera – falou tia Marta –, eles têm a quem puxar!

Arte na Pré-História

aniela estava brincando com Michelangelo no jardim, gozando o sol da manhã, quando viu tia Marta abrir as janelas da sala de trabalho. Foi correndo para lá com o cachorro. Tio Emílio já havia separado vários livros de Arte e, quando Marcelo chegou, começou a contar:

– Foi fazendo escavações na terra, na África do Sul, em 1925, que os arqueólogos e antropólogos (pessoas que estudam o ser humano e as civilizações passadas) descobriram restos fósseis do ser humano mais antigo que habitou a Terra: o "Australopiteco".

– Esse nome é muito difícil de falar, tio.

– Sim, Daniela, mas se você dividir a palavra em "austral", que quer dizer do lado do Sul, e "piteco", que significa semelhante ao ser humano, fica bem mais fácil de pronunciar. O Australopiteco, que devia ser um homem bem parecido com o macaco, tinha a postura ereta, e, por essa razão, as mãos ficavam livres e poderiam fazer instrumentos de pedra. É o que dizem os estudiosos, os pesquisadores que em cada descoberta encontram um pedaço da história da humanidade. Continuando as escavações e as pesquisas, os arqueólogos descobriram cavernas ou grutas com desenhos e pinturas de uma Arte de 40 mil anos de idade, época em que o ser humano começou a criar uma Arte chamada rupestre, isto é, feita nas rochas.

– Quer dizer que a Arte existe há 40 mil anos?

– Isso mesmo, Marcelo. E começou na Pré-História, que se divide em duas grandes Idades: a Idade Paleolítica, também chamada Idade da Pedra Lascada, e a Idade Neolítica ou da Pedra Polida. Entre essas duas Idades situa-se a Idade Mesolítica, período de transição entre o *lascar* e o *polir* da pedra. O que nos interessa, entretanto, é a Idade Paleolítica, que, por sua vez, se divide em dois períodos: o Paleolítico Inferior e o Paleolítico Superior. Foi no período

Paleolítico Superior que surgiram os primeiros artistas da Pré-História, como já disse, há 40 mil anos da era histórica.

– Como era a vida nessa época? – perguntou Daniela.

– Havia fases de glaciações, geleiras, e, como o frio era intenso, os seres humanos abrigavam-se em cavernas.

– Tio, como se chamavam esses seres humanos?

– Marcelo, o nome usado para designar os seres humanos do Período Paleolítico Superior é o de "Cro-Magnon", pois foi na caverna de Cro-Magnon, situada no departamento francês de Dordogne, que se encontraram grandes tesouros de desenhos e pinturas pré-históricas. Em 1879, uma criança de cinco anos fez uma grande descoberta. Ela se chamava Maria e era filha do marquês Marcelino de Sautuola, que a levou numa excursão pelas cavernas de Altamira, região espanhola, próxima aos Pirineus. Brincando, a menina encontrou um buraco na rocha, entrou por ele e foi sair numa outra caverna onde as paredes estavam cobertas de pinturas de animais. Foi correndo contar ao pai a descoberta. Ele foi até lá e se deparou surpreso com aquelas figuras coloridas, bem conservadas, representando touros, mamutes, bisontes. Vejam aqui no livro, meninos – mostrou o tio.

– Eles desenhavam bem, não é, tio?

– É verdade. Marcelo. Altamira está entre as primeiras descobertas das obras de Arte do ser humano pré-histórico.

– Estão vendo só? – brincou Daniela. – Parece que as crianças vivem descobrindo tudo. Se não fossem elas, quem ia descobrir as cavernas pintadas de Altamira?

– É o que parece, menina. Pois saibam que foram também as crianças que, em 1940, na França, quando brincavam de esconder, descobriram na Gruta de Lascaux a figura de um boi com cinco metros de comprimento, pintado na rocha. Muitas outras cavernas foram descobertas em diversas partes do mundo, inclusive no Brasil, com pinturas representando bois, touros, cavalos, bisontes e a própria mão humana em negativo e positivo.

– Como é isso das mãos? – interessou-se Marcelo.

– Bem, qual é a primeira coisa que uma criança faz quando começa a desenhar, isto é, a fazer rabiscos, garranchos? Ela põe a mão sobre o papel e desenha o seu contorno. Não é assim? Você, Marcelo, e você também Daniela fizeram muito isso quando eram pequenos.

Esta pintura de um bisão foi encontrada na Caverna de Altamira (Espanha).

Arte rupestre, representando uma vaca saltando sobre uma fileira de cavalos. Caverna de Lascaux (França).

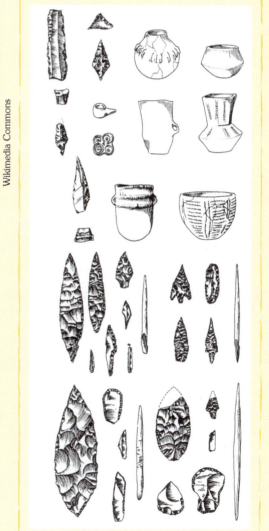

Instrumentos de pedra, pontas de flechas, pontas com face plana, pontas com entalhes, triângulo, raspadores, cerâmicas da Pré-História.

– Até hoje eu gosto de fazer – disse Daniela –, acho divertido desenhar minha mão em todas as posições. Dá um desenho lindo!

– Pois bem – continuou o tio. – Quando eles faziam o contorno das mãos, desenhando ou soprando sobre elas um pó de rochas trituradas, então a pintura era em negativo. Na pintura em positivo, eles manchavam a mão e calcavam-na sobre a argila, isto é, sobre o barro amolecido com a água que escorria pelas rochas.

– Mas, por que eles faziam isso?

– Talvez, Marcelo, porque, com as marcas das mãos, esses artistas da Pré-História quisessem registrar sua presença nas cavernas. Essas marcas significariam: "Eu passei por aqui, esta casa é minha". Ou, quem sabe, teriam apenas um sentido mágico. Quem pode saber? Outra teoria explica essas marcas de mãos como um sinal de luto. Em algumas cavernas foram encontradas marcas de mãos sem algumas falanges. Muitos historiadores escreveram que era um hábito do ser humano pré-histórico cortar uma falange em sinal de luto pela morte de uma pessoa da família.

– Será tio – perguntou Daniela – que eles não pintavam as mãos e outras figuras apenas para embelezar a sua casa?

– Pode ser. Mas há historiadores que afirmam que os seres humanos da Pré-História jamais moravam nas cavernas pintadas, por serem para eles uma espécie de santuário.

– Mas, afinal – quis saber Marcelo –, por que esses homens pintavam animais nas cavernas?

– Acredita-se, como já disse, que o faziam com um sentido mágico, talvez porque acreditassem que, pintando um touro na rocha, ele já estaria, de certa forma, aprisionado e, quando fossem caçá-lo, a sua captura se tornaria mais fácil. Alguns desses animais pintados em cavernas têm até lanças cravadas em seus corpos.

Daniela e Marcelo escutavam fascinados as explicações do tio.

– O período Neolítico, como já disse, também se chama da Pedra Nova, da Pedra Polida; era assim denominado porque as armas e os instrumentos de pedra passaram a ser feitos pelo método do polimento. É quando o ser humano começa a demonstrar que evoluiu e vai se organizando socialmente. O clima torna-se ameno. Reunindo-se em grupos e vilas ao redor de rios, desenvolve um artesanato de cerâmica rústica. Cultiva a terra, cria animais e constrói casas de madeira e barro. Era o *Homo Faber*, isto é, o homem que fabrica.

– O ser humano da Pré-História fazia música, tio?

– Sim, Marcelo. Era o *Homo Sapiens*, o homem que sabe, racional. Esse nome lhe foi dado pelos antropólogos que estudam o homem e a raça a qual pertence.

– E depois, tio – quis saber Daniela –, o que aconteceu?

– Depois, a técnica humana começou a aperfeiçoar-se com a utilização dos metais, cobre e bronze. O ferro só aparece no final da Pré-História e começo da história propriamente dita.

Após admirar as pinturas das cavernas, Marcelo exclamou:

– Eu acho essas pinturas muito bem feitas!

– Tem razão, Marcelo. É por isso que se pode dizer que a Arte vem de muito longe, quando o ser humano ainda vivia em condições primitivas. A Arte das cavernas é considerada a obra-mestra do naturalismo, arte que se inspirou na natureza. Mas a Gruta de Lascaux é considerada a Capela Sistina da Pré-História. Quando chegarmos ao Renascimento vocês apreciarão as maravilhas da Capela Sistina.

– Convém lembrar, voltando um pouco para trás – continuou tio Emílio –, que no Período Paleolítico Inferior um ser humano primitivo pegou uma pedra e moldou-a, dando-lhe a forma de um focinho de animal. Mas é no Período Paleolítico Superior que aparecem as Vênus da Pré-História, em esculturas: a de "Willendorf", na Áustria, com 22,5 cm de altura, a de "Lespugne" com 14,7 cm e a de "Savinhano" com 22,5 cm, na França, e muitas outras. Dizem alguns historiadores que elas representavam mulheres grávidas e eram usadas como amuletos para dar sorte. Em algumas, o rosto é prolongamento do corpo. Reparem a forma geométrica das figuras.

Daniela achou graça nas Vênus de formas exageradas e pediu ao tio para falar sobre elas.

– Essas Vênus de nádegas salientes são esteatopígicas. Algumas têm outras partes do corpo, como o ventre e os seios, em proporções exageradas. Acredita-se que eram esculpidas dessa forma para propiciar muitos filhos, muita caça e muita fartura. Existe uma tribo africana, a dos Boxemanes, onde as mulheres têm nádegas enormes. Talvez elas descendam de uma raça que existiu na Pré-História. Pode ser até que as mulheres da Pré-História fossem esteatopígicas e os artistas da época as retratavam como eram.

– Interessante, tio – observou Marcelo – parece que a Arte segue a vida, não?

– Sua observação é muito inteligente! Veja que estas esculturas demonstram também que os artistas da Pré-História já conheciam as três dimensões, pois eram capazes de retratar a mulher de frente e de perfil, criando formas que se projetam no espaço em todas as dimensões. Eles jamais pintavam ou esculpiam árvores, frutas, nem a flora que os cercava. Isso é um mistério que ninguém desvendou até hoje. Os artistas naquela época registravam, então, aquilo que mais os impressionava e interessava:

"Vênus de Willendorf", talvez a primeira imagem de mulher esculpida na pedra por um artista da Pré-História, há 24 mil anos. Museu de História Natural de Viena, (Áustria).

"Vênus de Savinhano", vista de frente e de perfil. Museu Pigorini, Roma (Itália).

A mulher mais retratada em pinturas e esculturas foi a Virgem Maria com o Menino Jesus, simbolizando o amor materno.

Tio Emílio retirou da estante outros livros e espalhou-os sobre a mesa:

– Eis aqui as obras de MICHELANGELO, PISANO, RAFFAELLO, DA VINCI, CIMABUE, CARAVAGGIO, DEL SARTO e outros artistas notáveis. Eles pintaram quadros célebres da Virgem Maria com o Menino Jesus. Vocês poderão apreciá-los nas igrejas e museus da Europa.

– Esta Nossa Senhora até parece uma rainha! – exclamou Daniela.

– É que na Idade Média, meninos, as virgens eram pintadas como figuras simples, recatadas. Na Idade Moderna aparecem como belas rainhas, esplendorosas com lindos trajes e adornos. Vamos apreciar, no livro, mais algumas obras que retratam a Virgem Maria e o Menino Jesus. Nos museus do Louvre e do Prado, enfim, em todas as galerias de Arte, igrejas, catedrais, monumentos, este tema é constante e altamente apreciado. Olhem aqui a famosa obra de RAFFAELLO, "Madona Della Seggiola" (Nossa Senhora da Cadeira), que se encontra no Palazzo Degli Uffizi, em Florença (Itália).

– Credo, tio! – exclamou Daniela –, nunca vi um Menino Jesus assim tão grande e gorducho! Como é que Nossa Senhora aguenta segurá-lo no colo?

– Tem razão! – respondeu tio Emílio, achando muita graça. – Mas aí está um belo exemplo para ilustrar nossos papos anteriores. Lembram-se de quando

"Nossa Senhora de Nicopeia", padroeira de Veneza. Catedral de São Marcos, Veneza (Itália).

falei de certos artistas que deformavam a realidade, isto é, aumentavam com exagero as suas figuras por necessidade de expressão? Neste quadro, RAFFAELLO pretendeu, dessa forma, chamar atenção para a figura do Menino Jesus e não para a da Virgem Maria.

– Bem – disse Daniela –, então eu acho que RAFFAELLO fez muito bem em pintar o Menino Jesus assim gordo e fortão.

Tio Emílio e Marcelo riram gostosamente, e Daniela acabou rindo com eles de sua própria exclamação.

Quando o papo ia terminando, ainda impressionado com as Vênus da Pré-História, Marcelo demorou-se um pouco mais no escritório, folheando alguns outros livros e apreciando belíssimas ilustrações.

RAFFAELLO Sanzio (1483-1520). "Virgem e o Menino Jesus com São João Menino". Esta obra é mais conhecida como "Madona della Seggiola" ("Nossa Senhora da Cadeira"), Palazzo degli Uffizi, Florença (Itália).

Cavernas e Sambaquis Brasileiros

No dia seguinte, tio Emílio levantou-se muito cedo e foi acordar as crianças:

— Que tal um passeio pelo jardim para apreciar a manhã que está linda?

— Eu acho muito bom – concordou Daniela. – Assim aproveito para brincar um pouco com Michelangelo que, na certa, deve estar aprontando alguma por aí.

Após o passeio o tio convidou as crianças para se sentarem à sombra do caramanchão e foi explicando:

— No Brasil também existem muitas cavernas e abrigos. Abrigos são paredões rochosos, inclinados, protegidos, assim, das intempéries, quer dizer, do mau tempo. Em muitas cavernas foram encontrados desenhos de animais feitos com o mesmo material usado pelos artistas de Altamira e Lascaux.

— Formidável, tio! – exclamou Marcelo. – Eu não sabia disso.

— Pois então fique sabendo, pois esse é um fato muito importante na História da Arte.

— E onde ficam essas cavernas?

— Olhe, Marcelo: foram descobertas muitas grutas e abrigos em vários estados brasileiros, como Rio Grande do Sul, Santa Catarina, Goiás, Bahia, Pernambuco e outros, porém as grutas de Lagoa Santa, em Minas Gerais, são as mais conhecidas. Sua descoberta deve-se ao dr. Peter Lund que viveu lá e pesquisou durante muitos anos. Recentemente, descobriu-se no Espírito Santo muitas cavernas com desenhos e inscrições pré-históricas. Há pesquisadores que afirmam que tais desenhos teriam sido feitos pelos fenícios, mas isso não tem nenhum fundamento científico.

— A gente pode visitar essas cavernas?

– Claro, Marcelo. Dentro delas, encontram-se curiosidades rochosas admiráveis! As estalactites e as estalagmites. As estalactites são precipitações alongadas de minerais que se formam nos tetos das cavernas. Parecem lágrimas caídas que se congelam no ar, formando lindas e estranhas formas. As estalagmites formam-se no solo ou nos subterrâneos e são provenientes de respingos caídos do teto. Como podem perceber, as estalactites formam-se de cima para baixo, e as estalagmites, de baixo para cima. Muitas dessas cavernas são pontos de atração turística. Infelizmente, as cavernas brasileiras estão se acabando, pois grande parte delas encontra-se em terrenos particulares, e seus proprietários as explodem para extrair a calcita e o cal que ali existem em grande quantidade. Com isso vai desparecendo, também, a possibilidade de estudarmos suas origens. Os sambaquis também estão desaparecendo.

– Que são sambaquis? – perguntou Daniela.

– São depósitos antiquíssimos de conchas, esqueletos humanos, restos de cozinha, cacos de cerâmica, ossos de animais amontoados às margens de rios, lagoas e mares, por tribos de seres humanos pré-históricos. Acontece que pessoas irresponsáveis estão triturando, moendo esses materiais, para fazer comida para aves e, também, para calçamento de estradas e ruas. Embora exista uma lei que proíbe tais agressões, ela não é respeitada.

– Um dia você leva a gente para conhecer um sambaqui?

– De nada adiantaria, Daniela, pois após as escavações eles desaparecem, e ficam apenas enormes buracos. Tudo o que é retirado desses sambaquis, como esqueletos humanos, conchas, machados de pedra, ossos de animais, pentes, colares de osso, cacos de cerâmica etc., vai para o Museu do Instituto de Pré-História da Universidade de São Paulo, fundado pelo historiador brasileiro Paulo Duarte, onde vocês poderão ir sempre que o desejarem.

– Onde se encontram outros sambaquis? – quis saber Marcelo.

– No Paraná, Santa Catarina, Espírito Santo, Amazônia, no litoral do Brasil, no mundo inteiro. Foram descobertos em São Paulo: Sambaqui de Mar Casado (Ilha de Santo Amaro); o de Buracão (Estrada Guarujá-Bertioga); o de Tenório e Itaguá (Ubatuba); Pau-d'Alho (Rio Claro). É na baixada de Cananeia (Iguape) que se encontra a maior concentração de sambaquis do estado de São Paulo. O sambaqui mais conhecido é o de Maratuá, também no litoral de Santos, escavado pelo casal de arqueólogos franceses, Annette e Joseph Emperaire, por volta de 1960. Segundo suas pesquisas, o ser humano que habitou Maratuá foi datado em aproximadamente 7.800 anos. O historiador Paul Rivet, fundador do Museu do Homem de Paris, acompanhou as escavações, em Maratuá, ao lado do casal Emperaire.

– Quer dizer que já existia gente por aqui há mais de sete mil anos?

– Bem, Marcelo, essa datação, como já disse, foi feita por volta de 1960, e depois disso novas datações foram feitas. As datações do homem de Goiás são de 9 a 10 mil, e as datações do homem de Pernambuco, de 12 mil, aproximadamente. Mas, em setembro de 1981 aconteceu uma descoberta sensacional. Um grupo de arqueólogos da Missão Franco-Brasileira localizou mais de 200 abrigos em São Raimundo Nonato, no estado do Piauí. Obtiveram dados referentes a épocas em que estas populações pré-históricas ali viveram entre 2 mil e 25 mil anos atrás, mas novas datações indicam que o homem mais antigo do Brasil, até este momento, é o que habitou o sul do Piauí, há 48 mil anos. Entretanto, os especialistas ainda continuam discutindo a sua validade.

– E como eles descobriram isso?

– Pelo carbono 14, Marcelo, que é um processo físico-químico para datar objetos pré-históricos. As datações de São Raimundo Nonato foram feitas na França.

"Sambaqui". Boa Vista, Ilha Comprida, São Paulo (Brasil).

– Acho que eu vou ser arqueóloga.

– É uma profissão fascinante, Daniela, mas não se esqueça de que é também sacrificada e perigosa. Os arqueólogos correm risco de vida ao fazer escavações, pois podem ocorrer graves desabamentos. Foi o que aconteceu com o arqueólogo Joseph Emperaire, quando estava fazendo escavações em Punta Arena, na Patagônia. Logo após sua morte, sua esposa Annette também veio a falecer em Curitiba asfixiada por gás quando tomava banho na casa de uma amiga. A filha do casal, Laure é botânica e esteve no Brasil, participando da Missão Franco-Brasileira.

– Que fim triste teve o casal Emperaire. Eu não sabia que fazer escavações era tão perigoso!

– E não é só isso, Daniela. Os arqueólogos, como já disse, correm muitos perigos, como aconteceu com a Missão Franco-Brasileira. Andaram mais de 54 quilômetros pelas regiões inóspitas das caatingas, expondo-se ao perigo de mordidas de cobras, ferroadas de mosquitos, aranhas, lacraias e escorpiões. Quando a comida acabou, foram obrigados a comer carne de tatu-bola que os caçadores matavam e cozinhavam. Muitas vezes, mataram a sede bebendo nos chamados olhos-d'água ou nas cavidades das rochas onde a água se acumula. Isto, quando os cachorros não a bebiam primeiro. Para dormir, tinham de armar suas redes nas grutas.

– Não podemos nos esquecer, Emílio, da grande arqueóloga Niede Guidon. Ela participou da Missão Franco-Brasileira. Foi pioneira nesse trabalho e vem lutando, incansavelmente, até hoje, pela preservação do sítio arqueológico de São Raimundo Nonato, no Piauí. Tem batalhado, também, contra as invasões de pessoas ignorantes que o invadem, erguem barracos para morar ali e poluir, acabando por devastar esse precioso sítio arqueológico. Niede tem clamado, em desespero, para que o Brasil e o mundo ajudem-na a salvar São Raimundo Nonato.

– Não é somente o sítio de São Raimundo Nonato que está sendo destruído, Marta. O ser humano moderno está assassinando o planeta, sem nenhuma piedade. Mas está pagando caro por isso. Derrubou árvores, poluiu a terra, o ar e a água, somente para satisfazer a própria ganância. Está desmatando a Amazônia. Os rios estão morrendo de sede, os peixes estão rareando; em breve, não haverá mais nem água potável, nem alimento para o ser humano neste planeta congestionado e poluído.

– Emílio, você está esquecendo do aquecimento global. As calotas polares estão derretendo rapidamente. O nível do mar está subindo e o calor vai se tornar insuportável. Os furacões, os vendavais e os terremotos serão mais frequentes. Veja as enchentes cobrindo as cidades! Já estamos respirando mal, devido a emissão de gases. A princípio, os países pobres sofrerão mais. Milhões de pessoas terão dificuldade em respirar, achar água e obter alimentos. Se o ser humano não adquirir consciência ecológica enquanto é tempo, se não forem tomadas providências urgentes, rapidíssimas, por parte dos governantes, certamente, morreremos todos, em curto prazo!

– O ser humano é mesmo irresponsável – exclamou Marcelo. – Ele mesmo está destruindo o planeta! Será que não vê o mal que faz a si mesmo, aos filhos, aos netos e a toda humanidade?

– Como você mesmo disse, Marcelo, o ser humano é irresponsável diante da própria vida – disse tio Emílio.

Daniela não quis ficar atrás e deu o seu parecer:

– Que coisa triste! Eu também acho que o ser humano, além de ignorante é um destruidor. Eu não quero morrer de calor e de sede, titio.

– Claro que isso ainda pode demorar um pouco, Daniela, mas como já disse é o que acontecerá, se o homem não tomar, agora, providências urgentes para salvar o planeta. A educação pode fazer muito pela conscientização dos povos. Espero que não seja tarde!

– Talvez haja uma esperança – disse o tio – o Tratado de Kyoto obriga todos os países a criar um programa de redução gradual de emissão de gases na atmosfera. Os Estados Unidos resistiram em assiná-lo. Somente em 2007, com a pressão mundial e diante das evidências do colapso global, eles acabaram aceitando um novo Tratado com algumas restrições. Tomara que esse Tratado ajude a salvar o planeta! Agora, os governantes estão em Copenhague, discutindo o destino da Terra.

– Pensando bem, acho que eu já desisti de ser arqueóloga. E depois, eu ia levar um grande susto quando encontrasse uma múmia.

– Você desiste fácil, menina. Mas lembre-se de que se não fossem os arqueólogos e antropólogos, pouco ou nada conheceríamos da história do ser humano e das civilizações.

– Falando em múmia, disse a tia – vou mostrar a vocês uma mulher famosa e muito simpática. Olhem o retrato dela. É a Luzia.

— Tia, mas onde está o corpo dela?

— Só foi encontrada a cabeça, Daniela. Ela é tão famosa que já apareceu em jornais, revistas e televisões do mundo inteiro. Na verdade, em escavações feitas em Lagoa Santa, Mato Grosso, os arqueólogos encontraram um crânio datado em 11.500 anos e o batizaram de Luzia.

— A Luzia é bem velhinha, titia, é até bonita e não dá medo na gente.

— Marta, explique que a Luzia ficou assim bonita, porque os antropólogos e biólogos fizeram uma operação plástica, modelaram a sua pele sobre o crânio e reconstituíram o seu rosto. Dizem que ela se parece mais com os grupos que habitavam a África e a Austrália do que com os atuais índios brasileiros.

— Certo, Emílio. Luzia levanta a possibilidade de ter havido várias ondas migratórias para as Américas e, desta vez, por grupos da Ásia Central. Isso teria acontecido há dezenas de séculos, há 12 mil anos.

— Em que museu está a Luzia?

— Olhe, Daniela, depois que ela ganhou notoriedade internacional, mereceu lugar de destaque no Museu Nacional, no Rio de Janeiro.

— Tia, a Luzia seria a primeira mulher brasileira? Será que ela era tagarela como a Daniela?

— Deixa de bobagem, Marcelo –, retrucou Daniela. – Em vez de se importar com a sensacional descoberta da Luzia, você fica falando bobagens. Continue, tia.

Crânio de Luzia, e reconstituição de seu rosto

— A verdade, crianças, é que existe uma mulher mais famosa e mais velha do que a Luzia. É a Lucy.

— Que legal! Quem é ela? — quis saber Marcelo.

— Lucy foi descoberta em 1974 por Donald Johnson e Tom Gray. Ela morreu com 25 anos, tinha 1 metro de altura, pesava 28 quilos e pertencia à espécie *Australophitecus Afarensis*. Ela tem 3,2 milhões de anos.

— Nossa, como ela é velha!

— Muito mais velha do que a Luzia. Apenas 40% do seu esqueleto foi encontrado, o resto foi reconstituído.

— Quem escolheu o nome dela?

— Bem, Marcelo, dizem que no momento da descoberta, estava tocando, no gravador do acampamento de pesquisas, a música dos Beatles, *Lucy in the Sky with Diamons* (Lucy no Céu com Diamantes). Donald e Tom resolveram, então, dar a ela o nome de Lucy. O nome científico dela é AL 288-1 Lucy.

— É bom saber, Marta, que em 29 de setembro de 2009, morreu Lucy Voden, a mulher que inspirou essa canção. Ela e Julian, o filho de John Lennon, eram colegas, no jardim de infância. Julian desenhou o retrato de Lucy, mostrou-o ao pai, o que inspirou os Beatles a comporem a famosa canção.

Imagem de Lucy (Macaco e esqueleto)

– Acho que pouca gente sabe disso, tio. Mas eu queria saber onde está a Lucy.

– Marcelo, ela está no Museu Nacional da Etiópia, em Adis Abeba, na África. Ela ficou exposta no Museu de Ciências Naturais de Houston, nos Estados Unidos, de agosto até abril de 2008. Muitas réplicas da Lucy estão espalhadas em famosos museus dos Estados Unidos.

– Olhem aqui, uma reconstituição total de Lucy, em exibição no Museu do Homem, em San Diego, Califórnia, Estados Unidos. Vejam também o seu esqueleto.

– Credo, tia, mas a Lucy é uma chimpanzé!

– O que você esperava encontrar, Daniela, a Nicole Kidman? – brincou Marcelo.

– Não, mas eu pensei que fosse uma mulher.

– Bem, Daniela, não se esqueça que a Lucy tem 3,2 milhões de anos. Nessa época, só havia macacos habitando o planeta.

– Marta, você se esqueceu de falar da descoberta da filha da Lucy.

– Tia, você não falou que a Lucy tinha uma filha!

– Pois é, Daniela. O esqueleto do bebê de Lucy, com 3,2 milhões de anos, foi encontrado ao norte da Etiópia. Dizem os cientistas que devia ser do sexo feminino e teria três anos quando morreu. Ela seria a criança, quer dizer a macaca, mais antiga do mundo e também pertence à espécie *Australophitecus Afarensis*.

– Como se sabe que era a filha de Lucy?

– Bem, Marcelo. Ela foi chamada assim por ter sido encontrada na Etiópia, a dez quilômetros de distância do lugar onde Lucy havia sido encontrada.

Marcelo e Daniela não se cansaram de examinar as imagens de Lucy e do Baby's Lucy, isto é, do bebê de Lucy.

Arte Egípcia

oi Daniela quem encontrou, na estante, os livros sobre Arte egípcia e abriu-os sobre a mesa.

– Veja, Marcelo – exclamou encantada –, como são lindos estes braceletes, esta cadeira em ouro e pedras preciosas, este vaso colorido!

– Lindos mesmo! – concordou Marcelo.

– A primeira pintura que merece estudos, depois da Arte rupestre, é a egípcia – falou o tio.

– Olhem aqui – mostrou Marcelo – estas figuras com o rosto de perfil e os olhos de frente. O corpo está de frente, já as pernas e os pés de perfil. Por quê?

– Segundo alguns historiadores, os egípcios faziam as figuras assim, obedecendo à Lei da Frontalidade. Acreditavam que, com o corpo de frente, a figura poderia receber inteiramente as reverências e a admiração de quem as contemplasse. Parece que, de certa forma, também obedecemos a essa Lei. Por exemplo: é falta de educação e de respeito darmos as costas a uma pessoa. Mas isso não passa de um palpite. A Lei da Frontalidade é característica das artes dos povos primitivos. Persiste, porém, entre nós, civilizados atuais. É aplicada inconscientemente, por assim dizer, nas representações religiosas e oficiais. Segundo estudiosos, está baseada num sentimento de deferência recíproca – deferência do contemplador para com a imagem do deus ou do governante e desta para com o contemplador.

– As crianças é que pintam assim – observou Daniela. – Quando desenham uma casa, elas fazem a fachada, o telhado, os lados, tudo de frente, não é mesmo, tio?

– As crianças desenham assim porque desconhecem as técnicas do desenho. Mas essa observação vai servir mais tarde, quando tratarmos da pintura moderna.

– Onde se encontram as obras mais famosas do Egito? – quis saber Marcelo.

– Em famosos museus do mundo, principalmente no Museu do Cairo, no Egito. Um egiptólogo, pessoa especializada no estudo da história do Egito e dos seus tesouros, dormiu três noites dentro da Grande Pirâmide de Quéops. Entre as visões que teve, afirma que lhe apareceu um homem de túnica branca, um sacerdote talvez, dos tempos dos faraós e o alertou sobre a importância do retorno, ao Museu do Cairo, de todas as obras roubadas do Egito, pois cientistas de várias nacionalidades as teriam descoberto e levado para os seus países de origem. O homem de túnica branca disse que enquanto as obras não forem devolvidas, o mundo continuará a enfrentar guerras, fome, sede, pestes, terremotos, tsunamis, ciclones e outras devastações.

– É verdade, Emílio, mas parece que muitos objetos de ouro e pedras preciosas, esculturas, móveis, múmias e sarcófagos, recentemente descobertos, estão voltando ao Museu do Cairo.

– Isso é muito bom, tio. Assim vão se acabar os males do mundo.

– Você tem razão, Marcelo.

– No Museu do Cairo, entre outros tesouros, estão as estátuas do príncipe Ra-Hotep e sua esposa, Nefert, muito apreciadas por suas formas e cores.

– A Arte egípcia era muito colorida?

– Sim, Marcelo. As cores eram escolhidas pelos sacerdotes. O marrom era usado nos corpos masculinos, e o rosado, nos femininos. A Arte, no Egito, estava a serviço da religião e tinha um caráter simbólico. Era uma Arte tumular, isto é, para os túmulos.

– Por quê, tio?

– Marcelo, eles acreditavam que a vida continuava depois da morte e o morto reviveria tudo aquilo que fosse pintado no túmulo. Costumavam mumificar os faraós. Faziam uma estátua igual ao morto, chamada Ka e a colocavam a seu lado. Para eles, a alma voltaria e assim o seu "duplo", isto é, uma imagem idêntica ao seu corpo, estaria ali para recebê-la.

Sebastiana entrou na sala para apanhar a louça do lanche e benzeu-se:

– Cruz credo, gente! Isso é coisa de alma penada! Voltar do outro mundo? Misericórdia!

As crianças acharam muita graça, e o tio continuou:

– Levavam também para o túmulo as riquezas e os objetos pessoais, acreditando que precisariam deles quando retornassem da morte. Os egípcios foram mestres na arte de embalsamar os mortos e este segredo desapareceu com o fim de sua civilização. Eles colocavam os mortos, isto é, as múmias, em esquifes, caixões de pedra ou madeira chamados sarcófagos.

– Agora, tio – pediu Daniela –, conte a história das pirâmides.

– A palavra pirâmide vem do grego *pyro*, que quer dizer fogo, e *amid*, que significa estar no centro. As pirâmides foram construídas para servir de túmulo aos governantes chamados faraós. As primeiras pirâmides das quais se tem notícia são as mastabas. Um rei muito inteligente chamado Sozer, ou Joser, achou as mastabas muito pobres para servirem de túmulo a um rei e mandou o arquiteto Imhotep construir a pirâmide escalonada de Sacara, com 60 metros de altura, na planície de Gizé. Isso aconteceu no século XXIII a.C. Vieram, depois, as pirâmides de Meidum, de Dachur e muitas outras.

"Estátua do Príncipe Ra-Hotep e sua esposa Nefert", 2700 a.C.
Museu do Cairo (Egito).

– As pirâmides foram construídas entre 2720 e 2560 a.C. As mais famosas de todas são as de Quéops, Quéfrem e Miquerinos e se encontram no Vale de Gizé, Cairo (Egito). São consideradas uma das sete maravilhas do mundo antigo. A de Quéops, também conhecida como a Grande Pirâmide, tem 146 m de altura, ocupa uma área de 54.300 m² com 230 m de comprimento.

– Nossa, tio, que enorme!

– Imagine, Daniela, que em sua construção foram empregados dois milhões e seiscentos mil blocos de granito, pesando de 20 a 70 toneladas cada um!

– Credo! Como conseguiam carregar essas pedras tão pesadas?

– Notem que naquela região não havia pedras. Segundo alguns historiadores, milhares de trabalhadores escravos extraíam essas pedras das jazidas de Assuan, a 1.000 quilômetros de distância do Egito. Transportavam-nas em barcaças pelo Nilo até a planície de Gizé, um penoso trabalho que teria durado dezenas e dezenas de anos. Há quem diga que as pirâmides teriam sido construídas por habitantes de outros planetas, mas nada disso ficou comprovado cientificamente até hoje. A verdade é que as pirâmides revelam um avançado conhecimento de matemática, astronomia, navegação, engenharia e arquitetura.

– Para que serviam as pirâmides?

– Para grandiosos túmulos dos faraós. Como já disse, Daniela, esses reis eram embalsamados e colocados nos sarcófagos, ao lado de suas riquezas: joias,

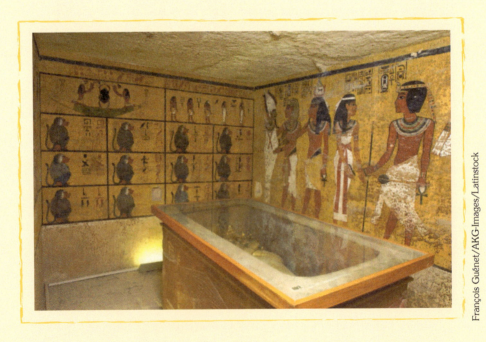

Túmulo do faraó Tutancamon, onde foram encontradas grandes riquezas.

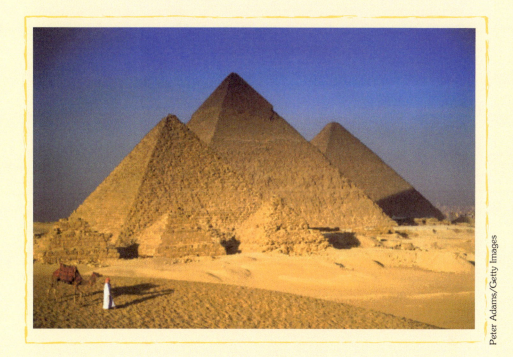

Pirâmides de Quéops, Quéfrem e Miquerinos. Vale de Gizé, Cairo (Egito).

utensílios domésticos, máscaras de ouro e armas. Salas e corredores levavam à câmara subterrânea onde se encontrava o túmulo. Sua entrada era habilmente disfarçada, a fim de evitar roubos, violações. Mesmo assim, esses túmulos foram saqueados e despojados de objetos de Arte de incomensurável valor. Entretanto, nem todas as pirâmides eram túmulos. Segundo alguns egiptólogos, a pirâmide de Quéops teria sido construída não para ser túmulo, mas para ser um repositório de energia do cosmo, isto é, do Universo. Tanto que dentro dela não foi encontrada nenhuma múmia. Nem na câmara do rei, nem na câmara da rainha. Era chamada observatório, túmulo e templo. Destinava-se também ao estudo das estrelas e a iniciar os sacerdotes nas ciências ocultas, quer dizer, no estudo das coisas sobrenaturais.

– Havia uma Grande Galeria pela qual os astrônomos egípcios subiram até o final, onde se abria uma fenda por onde estudavam as estrelas. Os luxuosos e gigantescos templos de Carnak e Luxor, dos quais falaremos mais adiante, também seriam observatórios – acrescentou tia Marta.

– É verdade, Marta. Mas vejam esta curiosidade: as dimensões da Grande Galeria de Quéops são idênticas as da fachada da catedral Notre Dame, em Paris. Quer dizer que a Grande Galeria caberia direitinho dentro da fachada de Notre Dame.

– Que interessante, tio! Como isso é possível?

– Quem é que pode saber, Daniela? Talvez as pirâmides e as catedrais tivessem sido construídas com as mesmas medidas e dimensões sagradas. Os templários deviam conhecer os segredos da arquitetura dos egípcios.

– Não se esqueça, Emílio, de que existia também a energia telúrica, que subia do solo. Telúrico significa relativo à terra. As pirâmides brilhavam no deserto de Gizé, proporcionando um espetáculo maravilhoso, principalmente em dias de luar e estrelas. A pirâmide de Quéops – dizem – era aberta no ápice, isto é, na cumeeira, na parte mais alta, onde havia uma pedra de cristal ou de rubi por onde entrava a energia cósmica. Dizem que essa energia mumificava os mortos e continua até hoje a ser estudada pela Bioenergética.

– O que é Bioenergética, tia?

– Eu explico, Marta. Em linguagem simples, Bio significa vida. Energia significa movimento. É, portanto, a ciência do movimento da vida. É o estudo da energia que produz, mantém e coordena a vida. As funções vitais não existiriam sem a Bioenergética. Os indus praticam exercícios de respiração, aspirando profundamente a energia do Universo, a que chamam de "Prana".

– Dizem que essa mesma energia – continuou tia Marta – faz um grão de feijão, dentro da pirâmide, brotar mais depressa do que aquele que fica do lado de fora. E também, se uma lâmina de barbear for colocada dentro da pirâmide, ela voltará a ter o corte afiado.

– Como se faz isso, tia?

– Bom, primeiro, é preciso construir uma pirâmide, de papel, papelão, metal ou madeira, nas mesmas proporções da pirâmide de Quéops. Depois, deve-se orientar a construção para o norte e colocar dentro dela um prato pequeno com um pedaço de algodão molhado, e sobre este, um grão de feijão. Então, deve-se colocar, também, do lado de fora, um prato pequeno com um feijão, também sobre um pedaço de algodão molhado. É só esperar alguns dias para verificar qual feijão brotará mais depressa.

– Há muitos livros sobre esse assunto – disse o tio – e tudo isso é discutível.

– Essa energia – acrescentou tia Marta –, talvez se formasse pela sintonia da pirâmide com os pontos cardiais, os astros e as estrelas. As catedrais góticas construídas pelos templários também obedeciam a essa sintonia. Mas, com o deslocamento do eixo terrestre, teria desaparecido.

Marcelo estava fascinado com o que os tios ensinavam, mas Daniela, muito inquieta, foi dando o seu recado:

– Vou agora mesmo procurar feijão na cozinha, construir uma pirâmide e fazer a experiência.

– Agora não – avisou o tio – somente quando terminar esta conversa. E continuou:

– Vejam outra curiosidade, nessas ilustrações do livro *Secrets of the Great Pyramid* (Segredos da Grande Pirâmide), de Peter Tompkins, há curiosidades que nos deixam intrigados. Reparem que a Grande Galeria se parece muito com o Observatório de Greenwich, na Inglaterra.

Grande Galeria   Observatório de Greenwich

– Que fantástico tio, são muito parecidos! Acho isso maravilhoso faz a gente pensar. Parece uma nave espacial!

É isso mesmo, Marcelo, por essa razão muitos cientistas dizem que a Pirâmide de Quéops também era um observatório astronômico que tinha a ver com o céu e as naves espaciais. Há quem afirme que os egípcios seriam habitantes de outra dimensão.

– Será que eles eram ETs?

Marcelo caçoou de Daniela:

– Isso, querida irmãzinha, você terá de perguntar ao Spielberg.

Os tios riram e Daniela não gostou.

– Infelizmente – continuou a tia –, muitos assaltantes, ladrões e saqueadores conseguiram entrar na pirâmide de Quéops, explodindo muitas das câmaras de pedra, na busca dos tesouros dos faraós. No decorrer do tempo, foram cometidas várias dessas atrocidades. Cientistas, escritores, egiptólogos e historiadores visitaram-na para estudar a energia que circula dentro dela.

– Os antigos chineses, Marta, já diziam que o ser humano está ligado ao cosmo pela energia vital que envolve todo o Universo. Essa energia está no ar. Há muitas teorias modernas sobre a Bioenergética, ciência que estuda essa energia, como já vimos, e ainda, milhares de histórias e mistérios sobre o assunto.

Tia Marta concluiu:

– Quem sabe, os egípcios queriam nos contar algo que não conseguimos compreender até hoje. Mas estamos chegando lá.

– Talvez, Marta, eles preservaram para nós o segredo da energia universal.

– Eu sempre achei, Emílio, que o espírito do ser humano também é uma energia que não morre nunca.

– A gente pode entrar na pirâmide de Quéops?

– Claro, Daniela – falou Marcelo. – Você pode ir até o Cairo de avião. Dali, se não quiser ir de automóvel, pode pegar o camelo das quatro para chegar à planície de Gizé.

– Não amola, Marcelo.

– É verdade, Daniela, se preferir, pode ir mesmo de camelo!

Tio Emílio sorriu:

– Do Cairo até Gizé se vai de automóvel, mas a visita às pirâmides poderá ser feita no dorso de um camelo, o que tornará o passeio muito mais emocionante.

– Então, é isso mesmo o que eu vou fazer quando for lá.

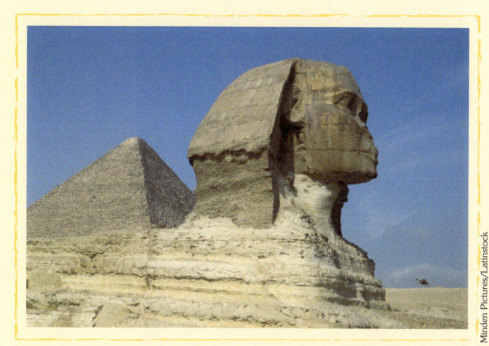
A "Esfinge" talhada num rochedo. Planície de Gizé, Cairo (Egito).

– Ótimo, Daniela, mas preste atenção. Saiba também que os egípcios ergueram dois gigantescos e luxuosos santuários: o de Luxor e o de Carnak, perto de Tebas. Entre os grandes monumentos destaca-se a Esfinge, de 60 metros de comprimento e 17 metros de altura, talhada num rochedo, na planície de Gizé. Tem a forma de um leão em repouso com o rosto de homem, parecendo o de um faraó, e encara o sol nascente. Eram os emblemas da prudência, da força e da sabedoria reunidos. Há quem diga que os egípcios queriam honrar na figura da esfinge a fecundidade que as cheias do Nilo davam ao país.

Entre os gregos, a Esfinge tinha cabeça de mulher, corpo de leão, asas de águia, garras de abutre e cauda de serpente.

– Puxa, tio, então era um monstro?

– Sim, Daniela, um monstro fabuloso. Segundo a lenda grega, ela interceptava a estrada que levava à capital da Beóxia e não deixava ninguém passar. Aos que dela se aproximavam, propunha um enigma e devorava os que não conseguiam decifrá-lo. Certo dia, Édipo, que também ficou conhecido na história como o assassino do próprio pai, resolveu enfrentar a Esfinge que lhe propôs o enigma dizendo: "Decifra-me ou te devorarei". E fez-lhe a pergunta:

– Qual é o animal que tem quatro pés de manhã, dois ao meio-dia e três à noite?

– Édipo, sem hesitar, respondeu:

– É o homem, que na infância, considerada a manhã da vida, anda de gatinhas, com os pés e as mãos; ao meio-dia, ou na força da vida, só precisa dos pés; mas à noite, isto é, na velhice, precisa de uma bengala da qual se serve como uma terceira perna.

– A explicação era correta. Édipo havia decifrado o enigma. Conta a lenda que o monstro ficou tão furioso que bateu a cabeça num rochedo e precipitou-se no mar.

– E o que aconteceu com Édipo?

– Bem, Marcelo, em retribuição, os tebanos proclamaram-no rei. Esse episódio foi muito bem retratado por INGRES, no quadro, "Édipo Explica o Enigma da Esfinge", que se encontra no Museu do Louvre.

– Taí, Daniela, quando formos visitar o Museu do Louvre, em Paris, iremos ver, o quadro de INGRES. Mas, se você preferir visitar a esfinge, no Egito, como já disse, poderá ir de camelo.

– Ora, Marcelo. Outra vez? Eu já disse que eu vou como quiser.

– Parem com isso, crianças! Pode-se ir de automóvel ou de camelo. Há muitos deles para alugar – disse tia Marta. Emílio já falou sobre isso. E agora, silêncio, porque eu vou contar uma história muito triste sobre Édipo.

– Marta, lá vem você com as suas histórias que não acabam mais.

– Ora, Emílio, vai ajudar muito as crianças nas aulas de Mitologia Grega: saibam que o nome *Oedipus* vem do grego e quer dizer pés inchados. O Oráculo de Delfos predizia o futuro de quem o consultasse e profetizou que Édipo mataria o pai. Quando ele nasceu, seu pai, Laio, conhecendo a premonição do Oráculo, resolveu se livrar do filho. Amarrou-o, atravessou seus calcanhares com um ferro e o abandonou no Monte Citerão. Laio achou que deixando ali o menino mutilado, ninguém o recolheria. Mas não foi assim. O pastor Forbas o encontrou e o levou para a corte de Corinto onde foi educado pelos reis Pólibo e Mérope e teve uma infância feliz e tranquila.

– Tia, como um pai pode ser tão malvado?

– Os deuses da Mitologia Grega, assim como os homens, Daniela, sofriam as mesmas paixões e cometiam as mesmas violências e maldades que os humanos. Laio teve medo. Pensou que daquela maneira evitaria ser morto pelo filho. Mas como diziam os gregos, o Oráculo não mente.

Tio Emílio continuou:

– Dizem que, quando Édipo cresceu, sabendo estar predestinado a matar o pai, resolveu fugir do palácio. Aproveitou o pretexto de ir a busca de um cavalo roubado e nunca mais voltou. Dirigiu-se para Tebas, onde, como vocês já sabem, encontrou a Esfinge. Antes, porém, teve uma violenta luta com o cocheiro de uma carruagem que apareceu no seu caminho. Laio, que estava na carruagem, saiu em socorro do cocheiro e feriu Édipo. Com muita raiva, Édipo reagiu e acabou matando, sem saber, o próprio pai, usando o bastão que lhe servia de apoio aos pés mutilados.

– Que horror, tio, então o Oráculo acertou!

– Sim, Daniela. Dizem que o Oráculo jamais errava ao predizer o destino das pessoas. Jocasta, rainha de Tebas, recebeu a notícia de que o marido, Laio, havia sido morto por um assaltante de estrada. Soube também que um homem chamado Édipo havia destruído a esfinge que tantos males causava ao seu povo. Mandou chamá-lo para lhe agradecer. Édipo apaixonou-se por Jocasta e sem saber que era a sua própria mãe, casou-se com ela e tiveram quatro filhos. Ao tomar conhecimento do seu trágico destino, Édipo e Jocasta não resistiram ao desespero. Jocasta enforcou-se. Desatinado, ao ver morta a sua esposa e mãe, Édipo arrancou-lhe das vestes um alfinete de ouro e furou os próprios olhos. Antígona, a filha que tanto o amava, passou a servir-lhe de guia pelas estradas do

Jean Auguste Dominique INGRES (1780-1867). "Édipo Explica o Enigma da Esfinge". Museu do Louvre, Paris (França).

mundo. É devido a esse fato que existe o termo: complexo de Édipo, quando o filho se apaixona pela mãe.

– Há também o complexo de Eletra, quando a filha se apaixona pelo pai. Eletra era apaixonada pelo pai, o rei Agamenon.

– Quantas histórias impressionantes – disse Daniela. Mas acho que o pobre do Édipo teve um triste destino.

– É verdade, Daniela, mas a vida do ser humano não é somente feita de alegrias.

– É como dizem os árabes – acrescentou o tio: *Maktub*! Estava escrito!

– Pois eu – disse tia Marta –, prefiro a expressão: Escrito nas estrelas.

– Agora eu vou prestar mais atenção no quadro de Édipo – arrematou Marcelo.

– As duas filhas do rei Amenófis IV, que vocês veem na ilustração, eram macrocéfalas, quer dizer, tinham a cabeça grande, deformada. Então, usavam chapéus para esconder a anormalidade. Dizem alguns estudiosos que a esposa do rei, Nefertite, e as escravas, para agradar as meninas, passaram a usar também os mesmos chapéus e isso teria virado moda. Outros afirmam que o modelo e o tamanho do chapéu referiam-se ao Pequeno, Médio e Baixo Egito. Na verdade, parece que a cabeça alongada era uma característica da raça egípcia. Observem que Aknaton também tinha a mesma deformidade.

– Tio, é verdade que os egípcios pesavam o coração do morto?

– Sim, Marcelo. Eles colocavam o coração do morto, no prato de uma balança e no outro prato uma pena, chamada de "pena da verdade". Era para saber o bem que o morto havia deixado de fazer.

– Então – continuou tia Marta –, o morto era julgado pelo deus Osíris e a sentença era decretada, conforme suas ações na Terra. Devia ser inocente de 40 pecados, entre os quais, o furto, a mentira, a cobiça, o homicídio, a ira e o orgulho. Confessar que havia satisfeito a vontade dos deuses: dando pão ao faminto, água ao sedento, roupa ao despido e condução aos que não possuíam barco. Se fosse considerado inocente, era conduzido ao reino celeste. Caso contrário, era condenado à escuridão eterna.

– Nossa! Então eles eram bons, titia?

– No Egito, Daniela, o homem tinha obrigação de ser bom.

– Nem todos, Emílio, os sacerdotes fizeram muitas maldades. Quando o faraó Amenófis IV mudou o seu nome para Aknaton que significa "servidor de

Busto da bela rainha Nefertite, em terracota. News Museum, Berlim (Alemanha).

Escultura de Aknaton e sua filha Merit Atom, gesto de ternura eternizado na pedra.

As filhas de Aknaton eram macrocéfalas, tinham a cabeça deformada.

Busto do Faraó Aknaton, Museu Egípcio, Cairo.

Aton", quer dizer, servidor do Sol, ele elegeu a cidade de Tel El Almarna como capital do Egito. Tornou-a uma cidade linda, moderna e progressista. Fez uma revolução religiosa, elegendo o Sol como um deus único e acabou com os privilégios dos sacerdotes. Revoltados, eles o envenenaram e também teriam envenenado o seu filho, o rei Tutankamon, de apenas 18 anos. No túmulo desse faraó menino foram encontrados grandes tesouros.

– Um momento – exclamou tio Emílio – como todos sabem, o presidente Juscelino Kubitschek adorava o Egito e dizem alguns estudiosos, que ele transpôs para Brasília, a cidade de Tel El Almarna.

– Tem razão, Emílio. É estranho que a maioria dos monumentos da cidade de Brasília tenha a forma triangular, de pirâmide, e que Juscelino esteja sepultado num sarcófago, em seu memorial, com suas roupas e objetos pessoais.

– Como os faraós, não é tia?

– Isso mesmo, Marcelo. Mas isso é um assunto que fica para uma outra vez.

– Falando de Arte egípcia, não posso perder a oportunidade de contar uma fascinante história sobre Tutankamon que estremeceu o mundo.

– Não, Marta, desta vez quem vai contar essa história, sou eu. Em 1922, Haward Carter, egiptólogo, e Lorde Carnevon, um inglês muito rico e grande colecionador de obras de Arte, resolveram descobrir o túmulo de Tutankamon. Carter fizera importantes descobertas, encontrara muitas múmias, mas o seu sonho era encontrar o túmulo de Tutankamon. Cansado de patrocinar a expedição, durante 12 anos, Lorde Carnavon avisou Carter de que aquela seria a última expedição que financiaria. Dizem que após buscas infrutíferas, quando Carter se preparava para levantar as tendas armadas no deserto para ir embora, sentiu o solo oco, embaixo dos pés. Escavou ali e encontrou o túmulo de Tutankamon e todos os seus tesouros. Chamou Lorde Carnavon para assistir à abertura do túmulo e nesse dia, celebrou-se uma das maiores descobertas da história da humanidade.

– O que havia no túmulo, tia?

– Olhe, Marcelo, para começar, três sarcófagos de ouro, que protegiam a múmia do faraó, ornados de pedras preciosas. A câmara do túmulo estava revestida de pinturas coloridas, hieróglifos e trechos do Livro dos Mortos, um guia para o morto encontrar a luz nos caminhos da escuridão. Foram encontradas, também, 150 peças de joalheria, além de outros objetos, leques, sandálias, anéis, braceletes, estatuetas, adornos, ânforas, tronos, mesas de jogos, a maioria ornada com pedras preciosas, lápis lazúli, turquesa, obsidiana e vidro. Tudo isso constitui o famoso Tesouro de Tutankamon, que hoje se encontra no Museu do Cairo, no Egito.

– Dizem que, quando Tutankamon morreu, durante o embalsamamento, a avó dele, Tuyu ou Tiy, colocou entre as bandagens que o enrolavam, um raminho de flor, bem ao lado do coração. Quando o túmulo do menino rei foi aberto por Carter, e as bandagens da múmia foram retiradas, o raminho de flor estava lá, intacto, mumificado. Além de um fato incrível, mostra o desvelo e o amor de uma avó.

– Que gesto bonito! – exclamou Daniela. – Eu queria estar lá para ver!

– Quem é que não queria! – disse tio Emílio. – Mas todos os que entraram no túmulo de Tutankamon tiveram morte estranha. O primeiro, foi Lorde Carnavon que ficou muito doente e quando morreu, no mesmo instante, morreu também a sua cachorrinha Suzy. Acho que a sombra da maldição perseguiu todos os integrantes da expedição.

– Eu penso, Emílio, que não se tratava de maldição e sim de uma liberação de micróbios. Imagine abrir um túmulo depois de três mil anos! Com certeza, o ar estava infectado, liberando miasmas, bactérias e talvez fosse isso que teria causado a morte daqueles que entraram no túmulo.

– Você está certa, Marta. Mas no Livro dos Mortos, havia um texto com uma advertência: "Aquilo que estava fechado foi aberto... Aquele que descansava na morte foi liberado". Era a maldição das múmias.

– E uma coisa curiosa. Dizem também que uma múmia afundou o Titanic.

– Como isso pode acontecer, tia?

– Bem, Lorde Canterville transportava naquele navio, para Nova York, a múmia de uma adivinha egípcia. Em vez de guardá-la nos porões do navio, ele a colocou atrás da ponte de comando. Dizem que isso e alguns desmandos do capitão Smith concorreram para o naufrágio. O navio chocou-se com um iceberg e morreram 1.500 pessoas. Setecentas e cinquenta salvaram-se.

– Uma curiosidade, Marta. Nem todos sabem que Benjamin Guggenheim também morreu nesse naufrágio. Ele era irmão do famoso Solomon R. Guggenheim, fundador do Museu Guggenheim e pai de Peggy Guggenheim, mulher bonita e rica, renomada colecionadora de Arte moderna.

– Mas tio, todos diziam que o Titanic era um navio que não afundava. Então por que afundou, será que foi mesmo por causa da múmia?

— Na verdade, o navio transportava uma carga maldita, dizem. Quem pode saber?

Marcelo e Daniela estavam encantados com as palavras do tio e com a Arte egípcia, observando atentamente as estátuas e as pinturas.

— Titio — perguntou Marcelo —, por que eles consideraram o Nilo um rio sagrado?

— Como sabem, a civilização egípcia desenvolveu-se às margens do rio Nilo. No Egito, quase não chovia, mas chovia muito nas cabeceiras do rio, causando grandes enchentes. Ao transbordar, em terras egípcias, o Nilo deixava um húmus que as fertilizava. Por isso os egípcios acreditavam que o Nilo era um deus e o adoravam.

— O rio Amazonas é tão importante como o Nilo?

— Claro, Marcelo. Como você já sabe e viu, é o segundo rio em extensão, depois do Nilo, e o mais largo do mundo. Os rios têm papel relevante na vida do ser humano. Às suas margens desenvolveram-se grandes civilizações. Dos rios depende a subsistência do ser humano que precisa da água para beber, criar animais, irrigar e fertilizar a terra, de onde tira seu alimento e sustento. O rio Amazonas, com a floresta a sua volta, as vitórias-régias, o encontro das suas águas com o rio Negro, a pororoca, o fenômeno das terras caídas é apreciado

Carter e Carnevon abrindo o túmulo de Tutankamon.

Sarcófago de ouro de Tutankamon.

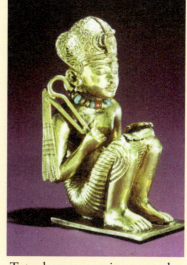
Tutankamon menino, sentado.

Tutankamon pescando com arpão (ou caçando?).

Travesseiro ou repouso para a cabeça.

Bracelete com escaravelho e pedras preciosas.

Um dos sarcófagos de Tutankamon

no mundo inteiro. Os rios também servem como grande meio de comunicação. Um professor disse, certa vez, uma frase muito bonita: "O rio é uma estrada que anda". E não se esqueçam que a Amazônia está ligada à história da Arte brasileira e as grandes civilizações latino-americanas.

Daniela e Marcelo passaram a tarde admirando as estátuas, as pinturas egípcias e aprenderam a localizar o Nilo no mapa. O papo sobre o Egito continuou entusiasmando os garotos.

– Bem, crianças, vamos tratar agora dos hieróglifos.

– Hieróglifos? Que nome engraçado!

– Isso mesmo, Daniela, hieróglifos. São sinais, caracteres da escrita egípcia. Foi o arqueólogo francês chamado Jean François Champollion (1790-1832) que os decifrou, estudando minuciosamente a Pedra de Roseta. Essa pedra, talvez um pedaço de parede, foi encontrada por um soldado de Napoleão, na cidade de Roseta. Era um decreto sacerdotal em honra ao faraó Ptolomeu V, redigido em três idiomas: egípcio, grego e demócrito. Graças a Champollion foi possível ao homem moderno conhecer a vida, a Arte, enfim, toda a civilização egípcia. Ele deixou muitas obras sobre o Egito que só foram publicadas em 1843, após a sua morte.

Pedra de Roseta, encontrada na cidade de Roseta. Museu Britânico (Londres).

Mesopotâmia

— Tio – lembrou Marcelo –, você disse que hoje iríamos falar sobre a Mesopotâmia.

— Mesopotâmia... Mesopotâmia – repetia Daniela, achando o nome muito esquisito.

— Mesopotâmia – explicou o tio – quer dizer entre rios; designa, na verdade, uma área geográfica.

— Onde ficava a Mesopotâmia? – quis saber Marcelo.

— Na Ásia, numa região entre os rios Tigre e Eufrates. Prestem atenção, crianças, aqui a história se complica porque foram muitos os povos que habitaram a Mesopotâmia; entre eles, os sumérios, os acádios, os hurritas, os babilônios, os assírios, os medos e os persas. Durante milênios, cada um deles deixou a sua marca característica, criando uma civilização de diversas expressões artísticas.

— Quanta gente! – exclamou Daniela.

— É verdade. Mas não se esqueça que cada uma dessas civilizações durou séculos. Cerca de 3000 a.C., os sumérios estabeleceram-se no fértil vale, dando um novo sopro de vida à região. Surgiram muitas cidades onde se desenvolveu o comércio e o artesanato. Quinhentos anos mais tarde chegaram os acádios e conquistaram a Mesopotâmia, Suméria e Síria. Dois séculos depois, a invasão dos povos nômades trouxe desordem e desolação.

— Eles faziam Arte, tio?

— Olhe, Marcelo, quando os sumérios retomaram o poder em 2150 a.C., reconstruíram várias cidades: Ur, Uruk, Eridu, desenvolvendo, então, uma civilização brilhante. Construíram templos e palácios decorados com esculturas e pinturas suntuosas. Faziam objetos de cobre. Sua estatuária é tosca e pesada. Um desses exemplos é a estátua de Gudeia, que se encontra no Museu do Louvre. Os túmulos da cidade de Ur eram suntuosamente ornamentados. Perto do ano 2000 a.C., novas desordens acabaram com o poder dos sumérios. Chega

Hamurabi, o sexto rei semita da Babilônia. A Arte conserva os caracteres sumérios e se tinge de delicadeza e refinamento. O rei realizou reformas sociais, unificou e aperfeiçoou a rede de canais de irrigação que controlava as águas dos rios Tigre e Eufrates o que facilitou uma ligação fluvial entre as cidades. Submeteu os deuses a Marduc, suprema divindade da Babilônia, e criou o Código de Hamurabi com 282 leis, que segundo a lenda teria sido ditada por Shama, deus do Sol.

Marcelo quis saber mais sobre o Código de Hamurabi.

– Quando você for ao Louvre – falou o tio – poderá apreciar esse Código Jurídico que se encontra em cima de um bloco monolítico, isto é, uma pedra chamada "estela". Mostra a estrutura social: homens livres, semilivres, escravos e as penalidades baseadas na *pena de talião*: "olho por olho, dente por dente", o que significa que o castigo deve ser igual à ofensa praticada.

– Babilônia também é um nome engraçado, não é?

– Babilônia, Daniela, significa "Porta de Deus" e chegou a ser uma das mais importantes cidades da história. Ali, a Arte adquiriu maior liberdade de expressão. Uma das mais importantes obras de Arte desse período é a imagem do rei Hamurabi, um baixo-relevo, em basalto negro, onde ele aparece recebendo do deus Shama as 282 leis divinas. A cabeça e as pernas aparecem de perfil e o tronco de frente. Parece que, como os egípcios, também obedeciam à Lei da Frontalidade. Mais tarde, sob o reinado de Nabucodonosor...

– Nabucodonosor, tio? Outro nome engraçado!

– O nome pode ser engraçado, Daniela, mas é sob o seu reinado, de 605 a 562 a.C., que a Arte renasce na Babilônia. Além de faustuosos palácios e uma grande muralha, ele construiu os famosos jardins suspensos da Babilônia. Alguns historiadores afirmam que eram para que sua esposa, a princesa Semíramis, não sentisse saudades das montanhas e flores de sua pátria e, também, para espairecer nas noites de calor. Parece que os babilônios gostavam de levar seus jardins para o alto dos terraços de seus palácios assim como se faz hoje nos terraços dos arranha-céus. Os jardins suspensos da Babilônia são considerados uma das sete maravilhas do mundo antigo.

– Acho que a gente imita os antigos, não é mesmo, tio?

– Isso mesmo, Marcelo. Observe que Nabucodonosor foi o primeiro rei a construir ruas largas, avenidas e a preocupar-se com o traçado urbano da

Babilônia. Uma dessas avenidas era ladeada por 60 leões esculpidos em pedra co 300 metros de comprimento.

Daniela quis ver as figuras no livro e o tio foi explicando:

– Vejam aqui. Os babilônios pintavam figuras fortes e musculosas com barba e cabelo longos, animais com rostos de reis e juba; pássaros com grandes asas onde se nota a influência egípcia, inclusive a da Lei da Frontalidade. Mas comparada com a egípcia, a Arte da Mesopotâmia é muito limitada. Dizem certos estudiosos, que a Arte da vitrificação teria sido descoberta na Mesopotâmia, mas a história fala de descobertas de copos, vasos e xícaras do tempo da civilização egípcia, feitos com vidro vulcânico – vidro extraído dos vulcões.

– Eles eram inteligentes!

– Eram sim, Marcelo. Pois os nossos sistemas cronológicos – sistemas para medir o tempo – e o sistema astrológico – para estudar os astros – nasceram na Mesopotâmia. Uma coisa importante que nem todos sabem é que foi lá que nasceu a escrita. Inicialmente, a escrita era em forma pictográfica, isto é, em forma de figuras: as ideias eram exprimidas por desenhos de cabeças de touro, jarros etc. Depois, passou a ser ideográfica, com sinais representando ideias. O método foi se aperfeiçoando, e os sinais passaram a ser gravados na argila, barro mole, por meio de um estilete em forma de cunha. A escrita da Mesopotâmia, nesse período, chama-se cuneiforme. Mais tarde essa escrita transformou-se em alfabeto que serviu a todas as línguas ocidentais.

– Que coisa interessante, titio! – exclamou Marcelo, observando com atenção a escrita cuneiforme.

– Bem crianças, vamos ver agora os estranhos costumes que os babilônios tinham em relação à morte. Quando o rei Arbagi morreu, sua esposa Shub-ad mandou construir um esplendoroso túmulo, no fundo de uma caverna, onde o sepultou com todos os seus objetos pessoais. Quando Shub-ad morreu, o túmulo foi aberto para que ela repousasse ao lado do marido. Além das joias, objetos pessoais e de uso doméstico, foram enterrados com ela, também, 68 escravas cobertas de joias, os guardas, os músicos e os cocheiros.

– Credo, tio! – interrompeu Daniela. – Que coisa horrível! Eu não ia, não, Deus me livre!

– Talvez não fosse do gosto deles morrer antes da hora, mas acontece que os povos da Mesopotâmia, em especial os sumérios e babilônios, obedeciam cegamente às leis religiosas, o que fortificava o poder dos reis e sacerdotes. É possível que essas pessoas desconhecessem o seu destino e, num ato de piedade, até fossem adormecidas por alguma droga antes de serem sepultadas com o morto.

– Que coisa horrível, titio! – disse Marcelo. – Que bom que a gente vive numa outra época!

– É verdade, mas em nossos tempos também se cometem muitas barbaridades: os assassinatos, a violência, a guerra, a bomba atômica, a agressão à natureza.

– O ser humano não mudou muito, não é?

– Tudo é questão da época e da sua evolução. O ser humano desta geração comete grandes violências com maior refinamento. A bomba de nêutrons é um exemplo. Imagine que ela mata os humanos e preserva os bens materiais!

– Que horror!

– É isso, Marcelo. Parece que o ser humano do mundo moderno, por sua própria culpa, está se destruindo, fazendo mal a si mesmo e ao planeta. Mas, para não fugir ao assunto, voltemos aos babilônios.

– Tio – observou Daniela –, estes desenhos parecem histórias em quadrinhos.

– É mesmo. Como os egípcios, os babilônios pintavam em quadros enfileirados, que obedeciam uma sequência, cenas da vida e proezas de seus reis o que parece muito com as atuais histórias em quadrinhos.

– Quer dizer, tio, que a história em quadrinhos não é invenção moderna?

– Como vocês estão vendo, não só os egípcios, mas todos os povos da Mesopotâmia, contavam as histórias dos faraós em quadros.

– Olhe aqui, os zigurates. Para que serviam?

– Eram templos famosos construídos pelos sumérios em forma de pirâmides escalonadas que chegavam a alcançar 70 metros de altura. De forma, quadrada ou retangular, possuíam escadas que ligavam os andares até o topo onde se encontrava um pequeno santuário, destinado, talvez, aos rituais religiosos. Não tinham finalidade funerária como as pirâmides egípcias.

– Fale da Torre de Babel – pediu Marcelo.

– Conta a lenda que os descendentes de Noé, pretendendo chegar até Deus, resolveram construir uma torre que fosse muito alta, a ponto de atingir o céu. Em sua construção usaram betume, uma substância escura e pegajosa extraída das fendas das rochas. Chamaram-na Torre de Babel e foi sendo erguida a custa de muitos sacrifícios e até da própria vida dos trabalhadores.

Para castigá-los, Deus confundiu seus idiomas, e a confusão foi tão grande que não foi possível terminar a Torre. Com as chuvas e as enchentes acabou desmoronando.

– Nossa, tio, deve ter sido uma confusão daquelas! Um trabalhador pedia o martelo, e o outro que não entendia a sua língua dava-lhe o tijolo.

– Isso mesmo, Marcelo. Por isso, quando uma coisa está muito confusa, costuma-se dizer que é uma *babel*. Há muitas histórias pitorescas sobre a Mesopotâmia. O historiador Heródoto, que a visitou, conta que a rainha Nitócris, inteligente e poderosa soberana de Babel, antes de morrer mandou inscrever em seu túmulo: "Se um dos meus sucessores tiver falta de dinheiro, abra meu túmulo e tire dali o quanto precisar; que só o faça, porém, se realmente estiver passando necessidade, caso contrário será castigado". Como os babilônios eram muito supersticiosos, nenhum deles se atreveu a violar o túmulo. Somente Dário, o conquistador persa, ousou fazê-lo. Vasculhou em todas as partes, mas só encontrou uma plaquinha de barro assinada pela rainha com a seguinte inscrição: "Se não fosses o mais ambicioso e ganancioso dos homens, não terias sido capaz de violar o meu túmulo".

– Que boa lição, não, tio – observou Marcelo.

"Zigurate". Cidade de Ur (Mesopotâmia).

– É verdade. Mas como vocês viram, os babilônios traçaram, no barro, cartas, documentos, leis e poesias épicas. Em tijolos especialmente queimados, os reis legaram à posteridade a história de suas vidas e façanhas. Muitos provérbios foram escritos em placas de barro babilônico, como este: "Olhando atentamente vê-se que os seres humanos são imbecis".

– Esses povos da Mesopotâmia parecem muito inteligentes!

– De fato, Marcelo. A eles devemos o legado da arte de escrever, da astronomia, da matemática, do sistema sexagesimal de contar o tempo, da construção de cúpulas. Mas a eles devemos, também, as superstições, a crença nos espíritos, a queima das bruxas, o medo dos gatos pretos.

– Será por isso, tio, que muitas pessoas se benzem quando um gato preto atravessa na frente delas?

– Pode ser, Marcelo. A verdade é que a Mesopotâmia foi uma civilização que surgiu do pó e voltou a ser pó, para grande pesar dos arqueólogos. E aqui, caros sobrinhos, acaba-se a história da Mesopotâmia.

– Ufa, tio! – brincou Daniela. – Que Mesopotâmia comprida. Acabou-se a história, morreu Vitória, entrou por uma porta, saiu por outra, quem quiser que conte outra.

Para não ficar atrás, Marcelo foi logo acrescentando, à moda do Recife:

– Acabou-se a história, morreu Vitória. Entrou por uma perna do pinto e saiu por uma perna do pato, então o senhor rei mandou dizer que se conte mais quatro!

"História em Quadrinhos". Arte Suméria.

Arte na Grécia

– Saibam, crianças – prosseguiu o tio no dia seguinte –, que a Grécia deixou uma grande herança artística à humanidade. Foram os gregos, homens livres e cultos, que iluminaram a Arte com duas luzes: a da razão e a da beleza. Na Grécia cultivava-se a beleza e as medidas proporcionais eram cânones, isto é, modelos da beleza ideal. As cidades mais conhecidas eram: Tebas, Corinto, Mégara, Mileto, porém as maiores eram Esparta e Atenas. Esparta preocupava-se com as armas, a beleza física e o preparo de soldados. Atenas, cultuava a beleza intelectual e a democracia. Mas, de um modo geral, os gregos eram excelentes artistas e adoravam esculpir no mármore. Foram os melhores escultores que a história já conheceu.

– Olhem – mostrou Marcelo no livro –, o Discóbulo, o Pártenon e o Doríforo.

– Essas obras são de três grandes escultores: o Discóbulo, também conhecida como o Lançador de Disco, é de MÍRON; representa um atleta no justo momento em que está reunindo todas as suas forças para arremessar o disco. Esta escultura é muito importante porque mostra o movimento na estátua isolada, introduzido por MÍRON. A FÍDIAS deve-se a decoração do Pártenon, templo de Atenas, na Acrópole, consagrado à deusa Atenas, protetora da cidade. Na fachada do templo, FÍDIAS representou o nascimento de Atenas e a sua disputa com Poseidon, deus dos Mares, pelo padroado da cidade. Zeus, o deus dos deuses, para resolver a questão, decidiu que seria padroeira da cidade a divindade que apresentasse a coisa mais útil ao homem. Poseidon, com uma pancada do seu tridente, fez surgir da terra um belo cavalo branco.

– Que bonito! – exclamou Daniela. – Acho que ele ganhou.

– Mas não foi assim, porque Atenas com um gesto das mãos fez florescer no chão uma grande oliveira. O cavalo poderia ser muito útil para os gregos,

MÍRON (Segundo quartel do século V a.C.). "Discóbulo" (450 a.C.). Uma cópia encontra-se no Museu Nacional Romano, Roma (Itália).

tanto na guerra como na paz. Mas a oliveira ganhou, porque uma das bases da economia grega era a exportação do azeite de oliva.

– Que lenda bonita!

– Essa lenda, Marcelo, pertence à Mitologia Grega, isto é, à fabulosa história dos deuses da Antiguidade que habitavam o Olimpo.

– Aqui está a deusa Atenas, titio – disse Marcelo. – Como ela é bonita!

– Ela também é conhecida como Palas Atenas e Minerva. É mesmo muito bonita. Na Grécia, tudo era muito colorido, mas o tempo desgastou as tintas e só ficou a cor natural do mármore. Vocês sabiam que Atenas não teve mãe?

– Como é possível isso, tio?

– Para os deuses tudo era possível, Marcelo. Um dia, Zeus, o deus dos deuses, quando se encontrava às margens do lago Tritônio, sentiu uma dor de cabeça violenta. Enlouquecido, pediu a Hefesto, deus das forjas, que lhe abrisse o crânio com um machado. Quando ele acabou de fazer isso saltou, da cabeça de Zeus, uma mulher vestida e armada com uma lança e um escudo, dançando uma dança de guerra. Era Palas Atenas, sua filha. Seu lar era a Acrópole, de onde vigiava a cidade.

– Que história mais sem pé nem cabeça! – exclamou Daniela. Como isso pode acontecer?

– Pois foi assim que aconteceu – interrompeu tia Marta. – Por isso, conta a lenda que Palas Atenas estava sempre do lado dos homens, contra as mulheres, pois não tivera mãe. Assim que nasceu, foi com o pai lutar contra os gigantes. Era também a deusa da sabedoria, da razão, da inteligência e do espírito criativo. Foi ela que inventou o óleo sagrado de azeitona.

– Você se esqueceu de contar, Marta, que ela também presidia os trabalhos femininos, o bordado, a fiação e a tecelagem.

– É verdade, Emílio, e foi por isso que ela criou um caso com Aracne, uma linda jovem fiandeira, da Líbia.

– Por quê, tia?

– Olhe, Daniela, Aracne bordava e tecia maravilhosamente bem e despertou a inveja das ninfas do bosque. Acontece que era vaidosa, arrogante e desafiou Atenas para uma disputa em público, para ver quem tecia melhor. Atenas ficou muito zangada, mas mesmo assim, foi disfarçada numa jovem e aconselhou a desafiante a ser mais modesta, dizendo-lhe que nenhum mortal podia desafiar os deuses.

– O resto eu conto, Marta. Quando o desafio começou, Atenas teceu numa linda tapeçaria, colorida, os 12 deuses do Olimpo. Aracne teve a ousadia de tecer cenas maliciosas, criticando os amores de Zeus, pai de Atenas.

– Bem, Emílio, na verdade, Zeus era namorador e vivia mudando de esposa.

– Mas isso nada tinha a ver com o desafio. Vendo que a tela de Aracne estava uma perfeição, Atenas ficou furiosa, rasgou-a em pedacinhos e ainda transformou a jovem numa aranha, para que continuasse tecendo pelo resto da vida. Aracne quer dizer aranha. Observem a pintura de Velázquez.

– Que quadro lindo e que história interessante! – exclamou Marcelo.

– Mas, titia, Velázquez não é aquele artista que pintou "As Meninas"?

– Exatamente. Vejo que você tem boa memória, Marcelo.

Daniela também estava encantada com a pintura e reclamou:

– Acho que Aracne mereceu o castigo, mas também Atenas não precisava transformá-la numa aranha. Acho que ela fez isso, por inveja.

Diego Rodriguez da Silva y VELÁZQUEZ, "As Fiandeiras". Museu do Prado, Madri (Espanha).

– O Doríforo também é uma estátua bonita!
– Sim, Daniela, e foi esculpida por POLICLETO. As proporções desse atleta nu com a lança são consideradas cânones, isto é, padrões, modelos de beleza. PRAXÍTELES também foi um grande escultor e ficou conhecido pelas suas belas esculturas da deusa Afrodite. Ele ousou pela primeira vez ao representar o corpo feminino inteiramente nu. ESCOPAS introduziu a expressão de sofrimento no rosto de suas estátuas. Daqui por diante, Marcelo, vamos projetar os slides, pois temos uma boa coleção deles sobre a Grécia.

FÍDIAS (490-431 a.C.) "Palas Atenas". Museu Arqueológico de Atenas (Grécia).

O primeiro slide que Marcelo projetou foi o de Cupido, o anjinho com a flecha.

– Cupido – explicou tio Emílio – é Eros, o deus do amor, que foi se transformando e, hoje, é representado por um anjinho segurando uma flecha. Diz a lenda que se ele acertasse uma jovem e um rapaz com sua flecha, imediatamente ficavam apaixonados um pelo outro.

– Aí está – falou Marcelo, piscando um olho para o tio –, você, Daniela, pode mandar flechar o seu colega, aquele de sardas e cabelos vermelhos, a quem você vive dando presentinhos e sempre carrega seus livros à saída da escola.

– Ora, não me amole – respondeu Daniela amuada –, ele não é meu namorado e eu não gosto dele, viu?

– Está bem, está bem – interrompeu o tio –, não precisam brigar por causa disso. De qualquer forma, o amor é um dos sentimentos mais belos do ser humano. A Mitologia Grega vivia engrandecendo o amor e a beleza. Os gregos eram verdadeiros poetas e artistas encantados com as maravilhas do Universo, como o amor e sabiam ser bondosos diante das fraquezas humanas. E agora voltemos ao Cupido, que vocês poderão apreciar no Museu do Louvre, também chamado de Querubim que deriva de *Kerubi*, nome do touro alado dos assírios.

Marcelo continuou passando os slides cada vez mais encantado com a Arte grega.

– Vejam – prosseguiu o tio. – A Arte grega divide-se em três períodos: arcaico, clássico e helenístico. Não restaram muitas obras desses períodos, a maioria delas foi destruída pelo homem ou pelo tempo.

– O que quer dizer arcaico?

– Quer dizer antigo. Olhe, Daniela, tudo aquilo que pertence a uma era muito remota, fora de moda, chamamos de arcaico. Esse período conserva, ainda, as formas geométricas. A fase clássica, também chamada Idade de Ouro ou Século de Péricles, é a mais realista de todas, procura o ideal de beleza através da forma. FÍDIAS pertence a ela. A fase helenística caracteriza-se pela movimentação tumultuosa das formas. O grupo do Laocoonte pertence a esse período.

– Quem era Laocoonte? – quis saber Daniela.

– Era um sacerdote do templo de Poseidon, em Troia. Segundo conta Virgílio, na obra "Eneida", poema em que são narradas as ações grandiosas e heroicas, Laocoonte aconselhou os troianos a não deixarem entrar, na cidade, o cavalo de madeira presenteado pelos gregos. Os troianos não o quiseram escutar

"Laocoonte". Célebre grupo esculpido na Antiguidade grega (século I a.C.). Museu do Vaticano.

e deixaram o cavalo entrar sem saber que havia gregos escondidos dentro dele. Estes acabaram destruindo Troia. Enfurecidos com os conselhos de Laocoonte aos troianos, os deuses gregos fizeram sair do mar duas serpentes que atacaram seus filhos que se encontravam perto da praia. Laocoonte correu para salvá-los, mas não conseguiu e todos foram mortos pelos monstros do mar.

– Os deuses gregos eram maus! – observou Daniela.

– Esses deuses mitológicos sofriam as mesmas paixões dos seres humanos. – Emendou o tio.

– Titio, conte mais sobre a história do Cavalo de Troia – pediu Marcelo.

– Praticamente, essa história já foi contada ao falarmos de Laocoonte. Apenas vamos lembrar que tudo começou com o rapto de Helena, esposa de Menelau, rei de Esparta, pelo troiano Paris, filho do rei de Troia. Revoltados, os gregos começaram uma guerra que durou 10 anos. Foi Ulisses, herói grego, rei de Ítaca, quem sugeriu a armadilha do cavalo de madeira. O plano foi este: os gregos ficaram escondidos no bojo do cavalo. Os troianos pensando tratar-se de um troféu recolheram o cavalo para dentro da cidade. Quando entraram em Troia, à noite, saíram dali e abriram os portões da cidade para os soldados gregos, que entraram, destruíram Troia e levaram Helena de volta à Grécia.

– Daí – disse tia Marta que vinha entrando – é que surgiu aquela famosa expressão "presente de grego" para certos presentes que só dão trabalho a quem os recebe.

As crianças riram e o tio prosseguiu:

– Sobre Helena de Troia eu gostaria de contar-lhes um fato interessante. Um alemão chamado Schliemann, quando era ainda um rapazinho, leu as histórias de Homero.

– Quem era Homero?

– Homero, Daniela, era um poeta grego cego que fazia narrativas de feitos heroicos em forma de poesia. Como Virgílio, ele foi muito famoso na Antiguidade e, desde o século VI a.C., faziam-se recitais de suas obras nas festas, e até as crianças aprendiam os seus versos de cor. Entre seus poemas, merecem destaque a "Ilíada" e a "Odisseia". Mas como eu estava dizendo, Schliemann ficou fascinado pelas histórias de Homero e acabou se apaixonando por Helena de Troia. Aos 50 anos tornou-se um bom comerciante e conseguiu reunir uma considerável fortuna. Escreveu, então, uma carta ao patriarca da Igreja Ortodoxa de Atenas, onde pedia que lhe arranjasse uma noiva, nas seguintes condições: deveria chamar-se Helena, ser grega, jovem, bonita, inteligente e, sobretudo, deveria saber de cor os versos de Homero. Juntou à carta a sua fotografia. Era, na ocasião, um alemão respeitável, calvo e míope. Frisou bem que se o patriarca lhe arranjasse a noiva que desejava, faria uma grande doação em dinheiro à igreja. Pouco tempo depois, veio a resposta. O patriarca lhe havia arranjado a noiva nas condições desejadas. Schliemann embarcou para Atenas e casou-se com Helena. Um dia, quando se encontrava nas praias da Ásia Menor, enquanto a esposa lhe recitava os versos de Homero, teve a intuição de que Troia se achava debaixo de seus pés. Como se encontrava em região turca, foi pedir autorização ao sultão para fazer escavações. Tanto cavou, que acabou descobrindo Troia e as joias de Helena, nas ruínas do palácio do rei Príamo. Cobriu sua Helena com aquelas joias e mandou fotografá-la. Depois, continuou cavando e descobriu as muralhas de Troia. Essas descobertas tiveram grande repercussão na Europa. Como Schliemann era um arqueólogo amador, a princípio, as sociedades científicas não lhe deram muito crédito, mas muitos arqueólogos continuaram suas pesquisas. Entretanto, atualmente pretende-se localizar a verdadeira Troia, de Príamo e Helena, a alguns quilômetros de Hissarlick, na Colina do Bali Dag.

— Mas que sorte, tio, esse alemão encontrar uma noiva do jeitinho que ele queria.

— A verdade, Marcelo, é que ele a encontrou e dizem até que foram muito felizes. Dizem certos historiadores que seu nome verdadeiro era Sofia e que Schliemann a chamava Helena. Mas Sofia ou Helena, ela possuía todas as qualidades exigidas pelo marido. Sofia em grego, quer dizer sabedoria.

— Vamos falar, agora, do Apolo de Rodes, conhecido também como o Colosso de Rodes. Pertence ao período helenístico, considerado uma das sete maravilhas do mundo antigo. Era uma estátua gigantesca de Apolo, erguida à entrada do Porto de Rodes. Representava Hélio, deus do Sol, e tinha mais de 30 metros de altura. Esculpida por CARES de Lindo foi destruída no ano de 256 a.C. por um terremoto.

— Tio, esta estátua não é da Vênus de Milo?

— Sim, Marcelo, você poderá apreciá-la no Museu do Louvre. Foi encontrada em 1820, na ilha grega de Milo, sem os braços. Pertence à fase helenística e é um dos mármores mais encantadores que nos legou a Arte grega.

— É assim que você vai ficar, Daniela — observou tia Marta — se continuar roendo as unhas!

As risadas serviram de pausa para um pequeno descanso, enquanto Daniela prometia deixar de roer as unhas, para sempre.

Enquanto todos admiravam os slides das obras gregas citadas por tio Emílio, tia Marta lembrou que ainda faltava comentar o Friso do Altar de Pérgamo, também da fase helenística.

— O Friso do Altar de Pérgamo, em baixo-relevo — explicou o tio —, atinge uma grande movimentação das formas e contrastes violentos de claro e escuro. Representava o combate mitológico dos gigantes contra os deuses do Olimpo e foi talhado no embasamento do altar-mor de Zeus, na cidade de Pérgamo. Encontra-se, agora, no Museu de Berlim.

— Olhe aqui o Minotauro. Fale sobre ele — pediu Marcelo.

— Minotauro era um monstro, metade homem, metade touro. Conta a lenda que Minos, o rei de Creta, marido de Pasífae, ofendeu Poseidon e este, por vingança, pôs no coração de sua esposa uma grande paixão por um touro sagrado. Desta união nasceu o Minotauro que Minos mandou aprisionar num labirinto. Para alimentá-lo, o rei dava-lhe, a cada ano, sete moças e sete rapazes. As cidades conquistadas eram obrigadas a enviar seus jovens para Creta onde o Minotauro os devorava no labirinto.

– Que coisa horrível, tio, será que é verdade?

– Assim conta a lenda, Marcelo. Certo dia chegou à Creta um belo jovem chamado Teseu que logo despertou o amor de Ariadne, filha de Minos. Sabendo que ele tinha intenções de matar o monstro, a princesa pediu ajuda a Dédalo que a aconselhou a dar um novelo de linha ao moço para marcar os lugares pelos quais passasse no labirinto, a fim de encontrar o caminho de volta.

– Quem é Dédalo?

– Dédalo, Daniela, era um herói mitológico de Creta e Ática a quem os gregos atribuíram todas as invenções da Arte e da indústria primitiva. Expulso da Grécia ele se refugiou em Creta, tendo assombrado o rei com suas invenções e novidades mecânicas, tornando-se o primeiro artista e engenheiro do reino. Quando Minos soube que ele havia ajudado Teseu a matar o Minotauro, mandou encarcerá-lo com seu filho Ícaro no labirinto.

– E Teseu conseguiu matar o Minotauro?

– Sim. Graças à ajuda de Ariadne e Dédalo.

– E o que aconteceu a Dédalo e Ícaro? – quis saber Marcelo.

– Para ser possível transpor as muralhas do cárcere, Dédalo construiu para si e para o filho grandes asas com estrutura de madeira, onde pregou com cera algumas penas de aves. Ensinou ao filho como voar, recomendou-lhe que não se aproximasse do Sol. Desobedecendo a advertência paterna, Ícaro voou muito perto do Sol. A cera das asas derreteu-se e ele caiu no mar, onde desapareceu. Diz a lenda que Dédalo conseguiu voar até a Sicília, plantando lá a civilização e a cultura industrial e artística de Creta.

– Que lenda bonita! – disse Daniela, olhando com muita atenção o slide de Dédalo e Ícaro.

– Este é um baixo-relevo que se encontra na Vila Albani, em Roma. A respeito de Dédalo, crianças, conta-se um fato engraçado. Dizem que ele fazia estátuas tão perfeitas que tinha de acorrentá-las para não saírem andando.

– Tio, ele se parece um pouco com MICHELANGELO, que queria obrigar o seu Moisés a falar.

– Isso mesmo, Daniela. Mas acontece que as pessoas inventam muitas coisas com relação aos artistas. Conta-se que na Grécia de Péricles um artista chamado PARRASIO usava até uma coroa de ouro, pois se gabava de ser o príncipe dos pintores. Ele teria comprado um escravo somente para torturá-lo, a fim de estudar as expressões de dor e dá-las ao Prometeu que estava pintando.

Dizem que ele era tão realista e que a sua figura "O Corredor" revestia-se de tal fidelidade que dava a ilusão de que o suor iria brotar da tela e que o atleta cairia de exaustão. Quando ZÊUXIS começou a ganhar fama também como excelente pintor, PARRASIO quis competir com ele, publicamente. ZÊUXIS pintou um cacho de uvas que enganava os passarinhos, de tão perfeito, chegando a entusiasmar os juízes. Certo de sua vitória, pediu a PARRASIO que corresse a cortina e mostrasse o que havia pintado. Acontece que a cortina era parte do quadro, e ZÊUXIS teve de admitir a sua derrota.

– Tio, eu gosto muito dessas histórias.

– São muito interessantes e vocês terão oportunidade de ouvir muitas delas. Mas vamos voltar à Creta e ver como era a sua Arte. Os cretenses eram melhores na pintura do que na escultura. Já no ano de 2500 a.C. eles pintavam a fresco. Dizem os historiadores que "às escuras salas dos palácios eles levavam a radiosa beleza dos campos ensolarados". No Museu de Heráclio encontra-se uma pintura minoica que poderia datar do século XVII a.C., chamada "O Colhedor de Açafrão". Mas prestem muita atenção, porque um fato muito importante e pitoresco aconteceu com esta pintura. Há 30 anos, aproximadamente, arqueólogos descobriram, em Cnossos, fragmentos da parede de uma casa. Após juntarem esses fragmentos identificaram a figura que aparecia como sendo a de um homem colhendo açafrão e a denominaram "O Colhedor de Açafrão". Açafrão é uma flor que os minoicos utilizavam para fazer o corante amarelo. Até hoje, é usado na culinária para dar uma cor amarela ao arroz. Muitos anos mais tarde, foram feitas novas escavações, nesse mesmo lugar, e encontrados novos fragmentos que, juntados à pintura anterior, forneciam um dado novo: a figura que aparecia na pintura não era a de um homem, mas sim a de um macaco que estaria arrancando as flores de açafrão dos vasos dos jardins reais.

– Tio, mas como eles descobriram isso?

– E como não haveriam de descobrir, Marcelo? As evidências eram muito claras! Não se sabe como esse engano durou tantos anos. A descoberta desse afresco, foi muito importante, divulgada em congressos de Arqueologia, Antropologia, História, livros, jornais, revistas e rádios do mundo inteiro. Quando foi descoberta essa gafe arqueológica, os meios científicos e de comunicação voltaram a despertar novo escândalo, ao mostrar ao mundo que "O Colhedor de Açafrão", não era um homem e sim um macaco.

– Que engraçado, tio!

– É verdade, Marcelo. As crianças é que gostam dessa história.

Observem bem a ilustração colorida. Percebe-se logo que o homem tem patas e não pernas. Veja o Desenho 1: é o primeiro fragmento encontrado. Desenho 2: é o afresco verdadeiro, com o macaco.

Daniela observou com maior atenção, os desenhos.

– Boa explicação Emílio, mas vamos ver agora o que mais fizeram os cretenses.

– Bem, Marta, eles construíram palácios gigantescos como o de Minus e Cnossos, ricamente decorados com vasos, estatuetas, pinturas, relevos, ânforas de pedra e marfim, faiança e bronze. Fabricavam pratos, taças, cálices, jarras, animais e deuses de cerâmica e usavam um esmalte semelhante à porcelana. Entre suas melhores esculturas está a "deusa das Serpentes" que se encontra no Museu de Boston.

"O Colhedor de Açafrão", afresco encontrado no Palácio de Cnossos. Pensou-se durante muitos anos que o primeiro fragmento encontrado, pertencesse ao corpo de um homem. Foram acrescentados a ele, uma cabeça, e o que se pensou ser um braço e uma perna. Fragmentos encontrados posteriormente, os verdadeiros, confirmaram tratar-se da cabeça, das patas e do rabo de um símio. Museu Arqueológico de Candia. Creta (Grécia)

Desenho 1 – Primeiro fragmento encontrado.

Desenho 2 – Afresco verdadeiro.

"O Colhedor de Açafrão", afresco encontrado no Palácio de Cnossos. Pensou-se durante muitos anos que o primeiro fragmento encontrado, pertencesse ao corpo de um homem. Foram acrescentados a ele, uma cabeça, e o que se pensou ser um braço e uma perna. Fragmentos encontrados posteriormente, os verdadeiros, confirmaram tratar-se da cabeça, das patas e do rabo de um símio. Museu Arqueológico de Candia. Creta (Grécia)

Arte Etrusca

nquanto Marcelo separava os slides de Arte etrusca, tio Emílio disse:

– Os etruscos, emigrantes da Ásia Menor, teriam entrado na Itália por volta de 950 a.C. A princípio se fixaram na Toscana, porém, mais tarde, se expandiram para o norte e sul e passaram a dominar um grande território entre os dois lados dos Montes Apeninos. Como os babilônios, eram místicos, isto é, acreditavam em divindades, e coisas do além, e eram, também, muito supersticiosos, tinham o hábito de ler o futuro das pessoas nas vísceras dos animais, principalmente no fígado.

– Que horror, tio. Logo eu que detesto fígado!

– Mas isso era com os etruscos, Daniela, há milênios. Por falar em fígado, vou contar a história de Prometeu. Diz a lenda que Prometeu roubou o fogo sagrado dos deuses e deu aos homens. Zeus ficou furioso e o castigou obrigando-o a ficar amarrado na proa de um barco, próximo ao monte Cáucaso, enquanto um urubu, aos poucos, devorava-lhe o fígado que logo voltava a crescer. Certa vez, uma professora contou essa história na classe e um aluno começou a chorar. "Não precisa ficar com pena do Prometeu – disse ela. – É só uma lenda. O menino respondeu: – Não estou chorando com pena do Prometeu, não. Estou chorando com pena do urubu, porque eu detesto fígado!"

As crianças deram boas gargalhadas e Marcelo, que também odeia fígado, deu razão ao aluno, enquanto tio Emílio prosseguia:

– Os etruscos também se dedicaram à construção de templos e túmulos cujas riquezas, ali encerradas, foram mais tarde encontradas pelos arqueólogos. Uma tumba encontrada em Certeveri possui, internamente, 48 metros de diâmetro; cortada por cinco corredores, abrigava um tesouro em objetos de ouro, bronze e pedras preciosas. Foram os etruscos que introduziram o arco na arquitetura, muito usado depois pelos romanos. Como também se fixaram ao redor dos lagos de Como, Garda e Maggiore, construíam suas casas sobre esteios fincados na água para maior segurança contra ataques de homens e animais.

– Tio, essas casas não seriam iguais às que vimos no rio Amazonas?

– Isso mesmo, Marcelo, chamam-se palafitas. Tornando-se mais fortes, os etruscos passaram a dominar a Itália e a receber grandes influências das colônias gregas do Sul e da Sicília. O sul da Itália chamava-se Magna Grécia e era tão grega como a própria Grécia. Mais tarde, espalharam-se pelo sul da Itália e ali começaram a construir em terra, mas sempre com alicerces sobre estacas.

– Será que a cidade de Veneza nasceu desse costume?

– É o que afirmam alguns historiadores, Marcelo.

– E como era a Arte desse povo, hein?

– Olhe, Daniela, tudo o que conhecemos dos costumes, moral, religião, enfim, da história desse povo, deve-se à Arte etrusca. Era uma Arte ditada pela religião e refletia uma civilização obscura e brutal. Apesar de existir muito mármore no solo italiano, os etruscos preferiam modelar no bronze, na terracota e, raramente, na pedra. Marcelo, por favor, projete a "Loba Capitolina".

Daniela ajudou Marcelo a procurar o slide, dizendo que já havia visto a Loba, nos livros.

– Vejam, crianças: a Loba Capitolina é uma das obras etruscas mais célebres. Foi descoberta em Veios e representa o animal sagrado de Roma, amamentando Rômulo e Remo.

– Conte a história deles – pediu Daniela.

– Diz a lenda que Rômulo, fundador de Roma, e seu irmão gêmeo, Remo, eram filhos de Silvia Rea, sacerdotisa de Vesta e do deus Marte. Como Amulius, filho do rei de Alba Longa, tinha pretensões ao trono, matou Silvia Rea, colocou Rômulo e Remo num cesto que lançou ao rio Tibre. A enchente do rio levou o

"Loba Capitolina". As figuras de Rômulo e Remo foram acrescentadas no Renascimento. Musei dei Conservatori, Roma (Itália).

cesto ao pé de uma colina onde uma loba encontrou os recém-nascidos, cuidou deles e os amamentou. Entretanto, dizem outros historiadores que uma mulher chamada Lupa (Loba) teria encontrado as crianças e cuidado delas. Foi a esse mesmo lugar onde foram achados que, anos mais tarde, Rômulo e Remo voltaram, pensando ali em fundar uma cidade. Mas, em razão de um desentendimento, Rômulo matou Remo e fundou sozinho a cidade de Roma, em 753 a.C. O nome Roma pode ter vindo do etrusco *rumon,* que quer dizer rio.

– Sabe, eu gostei muito da história de Rômulo e Remo.

– Realmente, Daniela, é uma lenda muito interessante. Mas agora observem a Loba Capitolina: as linhas do seu corpo são rígidas e fazem contraste com as figuras de Rômulo e Remo. Isto porque as duas figuras foram acrescentadas séculos mais tarde, por um artista do Renascimento. Moldada em bronze, essa obra etrusca se encontra no Musei dei Conservatori (Museu dos Conservadores) em Roma, Itália.

Quando Marcelo projetou os slides de obras de cerâmica, o tio explicou:

– Os mais afamados produtos da Etrúria são os de cerâmica. Os museus estão apinhados de vasos etruscos. Parece que eram cópias de vasos gregos, mas com desenhos e ornatos medíocres. Os etruscos distorciam as formas humanas, criavam máscaras horrendas, animais monstruosos e deuses terríveis. Lindos vasos foram descobertos em Vulci e Tarquinii, mas eram imitações ou importados de Atenas. As urnas com figuras vermelhas em fundo preto também são bonitas, mas de origem grega. Entretanto, os etruscos eram artistas admiráveis no bronze, considerados os melhores metalúrgicos da história. Para consumo interno e exportação, os bronzeadores etruscos produziram milhões de estatuetas, elmos, couraças, espadas, urnas, utensílios, moedas, leques, espelhos, lampadários e até um carro que pode ser apreciado no Museu Metropolitano de Nova York.

– Olhe aqui o "Orador". Fale dele – pediu Marcelo.

– "O Orador" é uma obra-prima que está no Museu Arqueológico de Florença, exibindo toda a dignidade romana do retrato realista.

– Mas que animal estranho! – exclamou Daniela. – Que é isso?

– É a "Quimera", que também está em Florença. Foi encontrada em 1553 em Arezzo e mais tarde restaurada por Cellini. Embora também seja uma obra-prima, sob o ponto de vista artístico, não deixa de ser uma peça estranha e bizarra. Vejam, tem a cabeça e o corpo de um leão, cauda de serpente e uma cabeça de cabra saindo do dorso. Mas percebe-se que a obra está muito bem-acabada.

– Mas por que ela é assim esquisita? – quis saber Daniela.

– Representa o monstro que Belerofonte matou. O nome quimera estendeu-se a outros animais. A Arte cristã fez da quimera o espírito do mal, representando-a como um dragão, mas a Renascença restituiu-lhe a forma humana. Em Paris, vocês poderão apreciar muitas quimeras no alto da fachada da Catedral de Notre Dame. Entre elas, o Vampiro, que falaremos quando tratarmos das catedrais góticas....

– E a pintura etrusca?

– A pintura etrusca, Marcelo, destaca-se nos vasos, no interior das casas e nos túmulos. Eram afrescos que, apesar do tempo, ainda conservavam a beleza das cores esmaecidas. As figuras são esguias, sempre de perfil, mas com os pés para a frente. Parece que, a exemplo dos egípcios, elas também obedeciam à Lei da Frontalidade.

Marcelo projetou o "Apolo de Veii" e todos puderam apreciar a bela escultura.

– Aí está, crianças, o "Apolo de Veii" encontrado em 1916. Alguns historiadores a consideram a obra máxima da Arte etrusca. Muito bem modelado, com um rosto quase feminino e o corpo resplandescendo de saúde e beleza. Os italianos o apelidaram de "L'Apollo Che Camina" (Apolo Que Anda).

"Quimera" de Arezzo. Encontrada em 1553.
Museu Arqueológico Nacional de Florença (Itália).

"Apolo de Veii" (c. 510 a.C.).
Museo Nacional de Villa Giulia,
Roma (Itália).

ARTE ROMANA

 À tarde, tia Marta foi juntar-se às crianças para participar do papo sobre Arte romana.

– Os romanos – começou tio Emílio – não eram dotados de imaginação artística. Tinham espírito prático e dominador. Suas artes derivam de influências recebidas de povos conquistados. Como vocês já viram, inicialmente dos etruscos, e depois das cidades gregas do sul da Itália e da Sicília onde a Arte era muito apreciada e cultivada. Roma conquistou a Grécia militarmente, mas espiritualmente foi dominada por ela. Assim, os romanos passaram a imitar os gregos, não somente na Arte, mas também nos trajes e costumes. Falar grego, vestir-se à grega, possuir obras de Arte passou a ser um requintado hábito para o povo romano. Os jovens, os escritores, os poetas, os ricos e até os pobres queriam ser ou parecer com os gregos. Pode-se dizer que os gregos eram os franceses daquela época: ditavam a moda, as ideias e os costumes.

– Aqui, no começo do século – falou tia Marta –, aconteceu a mesma coisa em relação à Paris. Era de bom-tom falar francês, vestir-se à francesa e estar a par de tudo o que acontecia em Paris no campo da música, das letras e das artes. Atualmente, os jovens são americanizados, pois gostam de imitar os Estados Unidos.

– Isso mesmo! – concordou tio Emílio. – Vamos então dizer que a Grécia era a Paris da Antiguidade. Quando, em 146 a.C., o cônsul Múmius derrotou Corinto, regressou à Roma, exibindo pelas ruas da cidade os troféus de sua vitória: quadros, estátuas, vasos de bronze, trajes, mobiliário e joias. Essa exibição fascinou Roma. O povo saiu às ruas para disputar as obras de Arte. Um quadro de ARISTIDES, posto em leilão, rendeu 600 mil sestércios, uma verdadeira fortuna! Quem o arrematou foi Átalo, rei de Pérgamo.

– Será que esse leilão era igual aos que são feitos hoje?

– Exatamente, Marcelo. Hoje são feitos em casas de leilão, bancos, empresas, praças e galerias de Arte. As pessoas levam para lá suas peças de Arte, estabelecendo um preço básico para elas. Na noite do leilão, o leiloeiro faz a apregoação, isto é, fala sobre as qualidades da peça: se é de prata, de ouro ou de bronze, qual a sua procedência, se é antiga ou moderna etc. Com muita habilidade deve fazer os lances ultrapassarem o preço estabelecido pelo proprietário do objeto, pois ele tem direito a uma porcentagem sobre tudo o que é leiloado. Ele vai dizendo: "Quem dá mais?". As pessoas interessadas em adquirir a peça vão dando lances que podem atingir milhões. Quando não há mais lances, o leiloeiro bate com o martelo sobre a mesa e exclama: "Vendido!". O maior lance arremata a peça que pode ser um vaso, um tapete persa, um espelho chinês, um armário antigo, um quadro, uma escultura ou um objeto curioso.

– Eu gostaria de assistir a um leilão.

– Muito bem, Marcelo. Qualquer noite destas iremos a um leilão e deixarei você dar alguns lances para um quadro que estou pensando em adquirir. Verá como é emocionante! Você encontrará lá um público interessante: *marchands*, que são negociantes, colecionadores, artistas e admiradores da Arte. E saibam, crianças, que investir em uma obra de Arte é mais rendoso do que investir no mercado de ações. Vocês adquirem hoje um tapete persa por 100 mil reais e duas semanas mais tarde ele poderá estar valendo 200 mil reais. Há obras de Arte que têm o mesmo valor de um brilhante grande e raro!

Daniela falou que também queria ir ao leilão, enquanto tia Marta lembrou que deviam voltar à Roma.

– Como eu ia dizendo – continuou tio Emílio –, jovens, mulheres, intelectuais e até a alta sociedade romana aderiram aos costumes gregos. Daí pode-se perceber como foi grande a influência dos gregos sobre os romanos, especialmente nas artes.

– Eu não acho que os romanos fizeram grande coisa! – falou tia Marta. – O que eles fizeram foi copiar os gregos.

– Não é bem assim, Marta.

– Você mesmo, Emílio, disse que não eram dotados de imaginação artística.

– Eu disse que tinham espírito prático, mas foi justamente isso que os levou a dar às Artes herdadas dos gregos a marca de seu caráter. Mudaram os nomes dos deuses e deram-lhes novos comportamentos. Mas ergueram monumentos tão suntuosos que, até hoje, fascinam a humanidade, como as termas, os anfiteatros, os circos, os teatros, as igrejas, as pontes, as estradas e os aquedutos.

– Que são aquedutos? – perguntou Daniela.

– São canais para a condução de água de um lugar para outro, sobre arcos ou pontes. Pouca gente sabe, mas o aqueduto da cidade do Rio de Janeiro, foi inspirado no aqueduto de Roma. Os romanos, realmente, construíram obras magníficas!

– Para mim – disse tia Marta – os romanos eram rudes, simples agricultores e pastores. Entendiam de nascimentos de bezerros e sementes. Por isso, quando apareceram os gregos com toda aquela Arte, inteligência e beleza, eles ficaram realmente extasiados.

– Ora, Marta, não precisa exagerar.

– Não é exagero, não. Eles pagavam grandes somas pelas obras de Arte dos artistas mortos, mas olhavam como subalternos os artistas vivos. Até o bondoso Sêneca disse: "Adoramos as imagens e desprezamos os que as esculpem". Para eles, a política, a advocacia e a agricultura eram consideradas nobres meios de vida.

– Credo, Marta! O que você tem contra os romanos, hoje?

– Ora, Emílio, não tenho nada. Mas vejam, crianças, que a Arte romana, para começar, não é deles, mas sim dos etruscos que fizeram um favor a Roma ao legar as influências da Arte grega. A Arte romana fala à alma por meio dos olhos e não por meio do intelecto. Na verdade, os romanos não eram artistas.

– Bem, mas você não pode negar, Marta, que eles também fizeram muitas coisas belas, souberam construir e ornamentar sua cidade com a Arte grega a qual deram os traços de sua personalidade.

– Se você se refere ao realismo das estátuas, ao vigor da arquitetura, ao emprego dos arcos, das abóbadas que enriqueceram os templos e os palácios e as termas, concordo. Mas na verdade, para mim, uma vez que os conquistadores voltavam a Roma com sua bagagem cheia de obras de Arte roubadas, parece que a Itália, e especialmente Roma, tornou-se um grande museu de pinturas e esculturas roubadas ou compradas. Acredito que, artisticamente, Roma foi engolida pelo mundo helenístico.

– Mas não se esqueça de que, finalmente, Roma quebrou o molde helenístico e revolucionou a Arte clássica com esculturas realistas, pinturas expressionistas e, como você disse, com o arco e a abóbada. E foi assim, Marta, que por 18 séculos Roma se tornou a capital artística do mundo ocidental.

– Afinal, tio, como era a Arte dos romanos?

– Graças aos afrescos encontrados em Pompeia...

– O que são afrescos? – interrompeu Daniela.

– Vou explicar, de maneira bem simples, o que é um afresco. Antes, porém, devo explicar o que é argamassa. É uma mistura de água, areia e, em alguns casos, de outros materiais (cal, barro, saibro, caulim etc.) que serve para juntar tijolos e outros materiais de alvenaria, usada nos afrescos, construções de paredes e casas.

Tia Marta continuou:

– Afresco, vem do termo italiano, *al fresco*, que significa a fresco. É uma forma muito antiga de pintar, sobre a argamassa fresca, quer dizer, molhada, úmida, mole, aplicada sobre uma parede. Essa pintura pode ser feita em parede, tela ou madeira.

– O artista – prosseguiu o tio – deve rebocar e revestir a parede com argamassa e pintar, enquanto ela estiver molhada, em condições de se misturar à tinta que lhe é aplicada. Não deve deixar a argamassa secar e muito menos errar. Se isso acontecer, é preciso desmanchar a parede e recomeçar a pintura, porque, a argamassa, nas primeiras horas, é mole, mas logo endurece, ganhando resistência e durabilidade. Não dá para apagar e corrigir. Por isso, antes de começar a pintar, o artista deve fazer um projeto. Estar com o desenho pronto, saber onde vai aplicar as cores, as luzes e as sombras.

– Saibam, crianças – disse tia Marta, que o afresco, é uma das pinturas de maior durabilidade, mas depende do revestimento das paredes, da matéria que fica por baixo das tintas. Por isso, afrescos milenares foram encontrados intactos, em perfeito estado de conservação e podemos deliciar nosso olhos com a sua antiguidade e beleza.

– Tia, quais são os afrescos mais bonitos do mundo?

– São tantos, Marcelo! Para citar alguns, os de Giotto, Michelangelo, Cimabue, Ucello, Massaccio, Correggio, Júlio Romano, Volterrano. Os gregos e os romanos também foram notáveis especialistas em afrescos.

– É uma pena, Marta, que do século XVIII em diante, os afrescos tornaram-se raros.

– É verdade. Mas vale lembrar que, em meados do século XX, grandes pintores modernistas deram impulso a esse gênero de pintura, destacando-se Cândido Portinari, no Brasil, e Diego Rivera, no México.

– Acho que agora, o afresco ficou bem explicado.

– Também acho, Marcelo. Só que eu me distanciei do que estava falando anteriormente, sobre a arte romana. Vamos voltar ao assunto. Como eu estava dizendo, graças aos afrescos encontrados em Pompeia, foi possível classificar quatro períodos e estilos da Arte antiga na Itália. No primeiro período ou estilo de incrustação, século II a.C., as paredes eram quase sempre pintadas com veios para imitar o mármore. No segundo período ou estilo arquitetural, século I a.C., as paredes eram pintadas de modo a parecer uma construção, uma colunata ou uma fachada; as colunas eram pintadas no meio de paisagens com pássaros, flores, riachos, como num cenário, para aumentar o ambiente; era uma perspectiva de ilusão. O terceiro período ou estilo ornado, dos anos 1 a 50 da nossa era cristã, é decorativo, com flores em relevo, animais fantásticos, desenhos geométricos, guirlandas e cenas mitológicas. O ornamento era mais importante do que a figura humana. O quarto período, ou estilo da fantasia, dos anos 5 a 70 da nossa era, foi considerado o mais esplêndido, em que o artista inventava formas fantásticas em suas composições arquitetônicas: amontoava jardins, colunas, pavilhões, vilas, num desarranjo modernista. As pinceladas rápidas primavam pelo uso das cores: preta, vermelha, amarela e azul, em combinações quentes e vivas, lembrando o Impressionismo. As casas, em sua maioria, pertenciam ao quarto período. Na Arte romana estão presentes, também, os mosaicos bizantinos que podem ser apreciados nas igrejas de Siena e Ravena, na Itália.

– Quais são as obras de Arte romana mais importantes? – perguntou Marcelo.

– As primeiras realizações artísticas em Roma foram etruscas, como o Templo de Júpiter, na Colina do Capitólio, onde também se encontrava a Loba Capitolina. Os romanos gostavam de templos, palácios e casas grandes e suntuosas rodeadas de pátios ajardinados e colunas. Todos os imperadores se empenharam em embelezar as cidades romanas. As casas também eram grandes e confortáveis com amplos átrios e o famoso *peristylium*, grande pátio aberto e ornamentado de flores e grandes estátuas.

– Pode ser, crianças – disse tia Marta –, que Roma fosse uma cidade deslumbrante, mas tinha tanta agitação que até parecia um mercado de peixes. Imaginem que Juvenal, poeta romano que atacava os vícios de sua época, queixava-se que não podia dormir, chegando até a escrever: "Um crava em mim o cotovelo, agora espeta-me um varal de liteira, agora bate em mim uma ponta de vara e dou com a cabeça num casco de vinho, tenho as pernas respingadas de lama e pisam-me os pés à direita e esquerda". Dizem que não havia iluminação alguma. Escreveu ainda Juvenal que jogavam coisas pelas janelas e que só um louco saía para jantar fora sem primeiro fazer o testamento.

– Credo, que cidade bagunçada! – exclamou Daniela.

– Crianças, hoje sua tia está decididamente contra os romanos. Mas vamos continuar. Na verdade, os romanos irritavam-se com o barulho da cidade e, por isso, refugiavam-se na paz dos campos. Suas casas eram belas, arejadas, amplas e erguiam-se em suntuosas vilas. Uma das residências mais famosas de Roma era a Casa de Ouro, de Nero. Um verdadeiro palácio com gramados, tanques de peixes, florestas de caça, vinhedos, estufas, fontes, cascatas, lagos com geleras e pórticos. O interior do palácio era de bronze, mármore e ouro, revestido de colunas coríntias com capitéis dourados, estátuas, relevos, pinturas, esculturas; entre elas, o Laocoonte que vocês já conhecem. As paredes tinham incrustações de ouro, madrepérolas e gemas preciosas. O teto do salão de banquete...

– Ah! – interrompeu tia Marta – deixa que eu conto. Para isso é que eles eram bons. Para comer! Eles não comiam, eles se empanturravam! Imaginem que num banquete, certa vez, foi servido este cardápio: 600 miolos de avestruz, ervilhas com grãos de ouro, lentilhas com pedras preciosas, âmbar e pérolas misturadas a outros acompanhamentos. Isto só de entrada, porque depois foram servidos mais de 100 pratos. Durante o jantar, Nero abria o teto de onde despencavam pétalas de rosas e ainda sobre os comensais empanturrados espargia perfumes. A água era proibida às refeições e, assim, todos chegavam ao fim do jantar completamente embriagados. Estiravam-se para dormir sobre a mesa e o chão, até o dia seguinte, quando recomeçavam a comer. Tibérius bebia tanto que os soldados o apelidaram de Bebérius.

– Que os romanos eram um povo glutão e gostavam de beber, não há dúvida, Marta. Mas gostavam também de ostentação. A casa de Nero era tão imensa que os romanos escreveram em seus muros: "Roma tornou-se a habitação de um homem. É tempo, cidadãos, de imigrar para Veii – a não ser que Veii também vá ser compreendida na casa de Nero". Mas vamos ver outras obras importantes.

Marcelo projetou o Coliseu e o Teatro de Marcelo.

– Olhem, o Coliseu era um grande anfiteatro com mais de 70 mil lugares e ali eram realizados os combates entre gladiadores e onde se lançavam os cristãos às feras. Sua construção foi iniciada por Vespasiano e finalizada por Tito no ano 80 da nossa era. O muro externo elevava-se a 50 metros de altura e era dividido em três andares. O interior era dividido em três bancadas sustentadas por arcos, com fileiras de camarotes e lugares interrompidos por escadarias. A

"Colosseo" (Coliseu). Um dos mais grandiosos monumentos da Roma Antiga.

arena cercada por um muro de cinco metros rodeados por um gradil de ferro para proteção do público contra as feras. Suas ruínas são consideradas as mais imponentes de todo o mundo clássico.

– Tio, eu quero saber a história deste teatro que tem meu nome.

– A construção do Teatro de Marcelo foi uma determinação de Júlio César em memória de seu sobrinho Marcelo, filho de sua irmã Otávia, morto aos 20 anos. Era o maior teatro de Roma, com capacidade para 12 mil pessoas. Outra obra importante são as Termas de Caracala. Sua construção foi iniciada por Settimio Severo e finalizada por seu filho, Marco Aurélio Caracala, que inaugurou a obra em 207 a.C. Tinha lugar para 1.600 banhistas com o *frigidarium*, banhos de água fria, o *tepidarium*, banhos de água quente, e o *caldarium*, banhos a vapor. Atualmente, as termas são usadas hoje como teatro aberto no verão, onde se realizam concertos, espetáculos líricos, que atraem pessoas do mundo inteiro. O Panteão foi um monumento construído por ordem de Agripa no ano 27 a.C. para comemorar a vitória naval de Augusto, seu sogro, sobre Marco Antônio e Cleópatra. Em quase todos os seus templos, Roma conservou o princípio grego da arquitrave, isto é, vigas mestras apoiadas sobre colunas que sustentavam o teto. O Templo de Castor e Polux foi erigido em 495 a.C. De suas ruínas restam apenas três colunas que dizem ser as mais belas colunas de Roma. O Campidoglio (Capitólio) tinha importante papel na vida de Roma.

– Tio, veja, consegui achar os slides de tudo o que você falou. Aqui está o Capitólio. Como é bonito! Fale dele.

"Campidoglio" (Capitólio). Centro Administrativo Municipal ou Parlamentar de Roma. No centro, a "Estátua Equestre de Marco Aurélio", de MICHELANGELO (Itália).

– No começo, ali havia sido uma grande praça de mercado onde se faziam contratos com o governo, se vendiam ações, se fazia a defesa nos tribunais, se pagavam impostos, se consultavam advogados. De 145 a.C. até César, foi o ponto de reunião das assembleias e, também o centro religioso de Roma. Está situado na pequena Colina do Capitólio, onde um templo abrigava três deuses: Júpiter, Juno e Minerva. Esse templo capitolino abria-se sobre a cidade em amplos terraços onde se pode apreciar, ainda hoje, vestígios da Arte do período Antigo, Medieval, do Renascimento e Moderno. A reconstrução do Capitólio obedeceu a um projeto de MICHELANGELO. À direita se encontra o "Palazzo dei Conservatori" (Palácio dos Conservadores) e à esquerda o Museu Capitolino. MICHELANGELO idealizou também os dois lances de escada que conduzem ao Palácio Senatório, sede da Prefeitura de Roma. No centro da praça, que exibe um lindo pavimento em desenhos geométricos, MICHELANGELO colocou, em 1553, a estátua de Marco Aurélio a cavalo, de sua autoria.

– Existe uma lenda sobre essa estátua – falou tia Marta. – Dizem que, originariamente era toda revestida em ouro do qual restou apenas uma pátina dourada. Quando essa patina fosse destruída pelo tempo, soaria a hora do fim do mundo. Vocês poderão ver Marco Aurélio de perto.

– Agora, não, Marta. Pelo menos ali, porque em outubro de 1980 a estátua foi removida da praça para San Michele, departamento de restauração da Prefeitura. Duas vezes foi retirada de seu lugar: a primeira durante a guerra, com medo de que as bombas a destruíssem, e a segunda agora, para ser restaurada.

Só que, desta vez, não voltará ao lugar escolhido por MICHELANGELO. Será no Museu Capitolino que o intrépido Marco Aurélio continuará tranquilamente montado em seu cavalo. Na praça foi colocada uma réplica, porém menos importante do ponto de vista histórico e artístico.

– Acho que não deviam tirar a obra original da praça.

– Ainda bem. Marta, que desta vez você está defendendo um romano.

As crianças riram e tio Emílio mostrou no slide o Palácio Senatório:

– Observem o Palácio Senatório. Foi construído sobre as ruínas do Tabularium, no ano 78 a.C., que recolhia todas as leis, chamadas *tabulae*, escritas sobre placas de bronze e que regulavam a vida do Estado. Vejam a Torre Capitolina onde se encontra o famoso sino Patarina, que há tantos séculos vem soando para anunciar aos romanos todos os acontecimentos tristes e alegres da cidade.

– Tio – perguntou Daniela –, de quem é esta estátua engraçada?

– É a estátua falante de Marfório.

– Ela fala?

– Bem, Daniela, a fantasia popular atribui a Marfório, personagem popular, frases irônicas e satíricas e imagina que as trocaria com Pasquino, outra figura popular, denunciando e ridicularizando a vida e os costumes romanos. A estátua é do século I d.C. e foi transportada para o Capitólio para decorar a fonte do pátio do Museu Capitolino.

– E o Palácio dos Conservadores?

– Está à direita do Palácio Senatório, Marcelo. Suas salas e galerias abrigam centenas de obras de Arte: afrescos, relevos, pinturas, vasos coríntios, bronzes etruscos, esculturas e sarcófagos. Se forem lá, não se esqueçam também de procurar "Lo Spinario" que representa um jovem tirando um espinho do pé. É uma linda escultura!

– Mas lembrem-se, crianças – interrompeu tia Marta –, de que essa obra é uma cópia de um artista grego, embora muito bem-feita!

– Meninos, acho bom pararmos para um cafezinho, pois sua tia já voltou a atacar os romanos.

Tia Marta levantou-se para ir preparar o café, mas foi falando, antes de sair:

– Os romanos roubaram e adaptaram ao seu modo a Arte grega, misturaram diversos estilos. Eles impressionavam mais do que encantavam. Construíram com rudeza, mas com grandeza. Mas criaram uma Arte que podiam gozar e entender. Mesmo a população pobre frequentava teatros, anfiteatros, circos, estádios, quase sem nenhuma despesa. Desfrutavam das belezas dos jardins, participavam ativamente da vida da cidade. Para mim, os romanos eram mais gigantes e soldados conquistadores do que artistas. Mas não há dúvida de que criaram a cidade mais fascinante e influente da história.

Após o café, Marcelo projetou as esculturas romanas. E tio Emílio foi comentando:

– A princípio, os romanos esculpiram túmulos, fontes, altares e arcos com grande técnica e os seus relevos estão entre as obras-primas do mundo da Arte. A sua mais nobre escultura é o "Altar da Paz Augustina" representando Telo – Mãe Terra – com duas crianças nos braços. Ali se reúnem o milagre da maternidade, a graça da mulher e o encanto das deusas. No grupo aparecem as figuras de Lívia, Augusto e a família imperial com sacerdotes, Virgens Vestais (deusas) e crianças. Daí por diante, a criança passará a ter importante papel na Arte italiana. Parece que em nenhuma outra obra a Arte romana terá tanta segurança de planejamento e harmonia no jogo de luz e sombra.

– Como era a pintura dos romanos?

– Eles se limitavam à têmpera e ao afresco, Marcelo, que você já conhece. No retrato eles usavam a encáustica, misturando as tintas com cera derretida. Eram bons retratistas e, como já disse, eram realistas. Não se incomodavam de parecer feios contanto que parecessem fortes.

Tia Marta voltou e apressou-se a contar enquanto as crianças começavam a rir:

– Por falar em retrato, saibam que Nero mandou pintar o seu, numa tela que media dez metros de altura e construir em frente à sua Casa de Ouro uma estátua de 40 metros de altura, com uma auréola solar em redor de sua cabeça, dizendo ser Febo Apolo, Febo é o Sol e Apolo, o deus da Beleza. Nossa! De bonito ele não tinha nada. Era baixo, barrigudo, tinha as pernas curtas e a cara redonda e o cabelo amarelo e encarapinhado.

– Mas, Marta, lá vai você começar outra vez seu discurso, desta vez contra o pobre do Nero?

– Pobre do Nero? Além de vaidoso, ele era muito mau! Gostava de fazer versos, pintar, cantar, tocar órgão, harpa, flauta e gaita de fole, em público. Dizem que quando se apresentava no teatro, seus espetáculos duravam horas e ele não dava licença a ninguém para se retirar, nem para ir ao banheiro! Alguns até se fingiam de mortos só para serem levados dali. E agora me digam se Nero não era um biruta!

As crianças morriam de rir enquanto o tio muito sério olhava para a esposa, disfarçando o riso.

– E tem mais – continuou tia Marta –, quando ia cantar em público alimentava-se, dois dias antes, apenas de azeite e alho. Já imaginaram a coitada de sua mulher que tinha que aguentar o hálito?

– Mas, Marta, afinal o que tem a ver tudo isso com Arte?

– Ora, Nero não era um artista? Ele tinha as suas manias. E gostava também de fazer graça. Um dia, ao assinar uma sentença de morte, saiu-se com esta: "Por que aprendi a escrever?". E quando foi obrigado a matar-se para não cair nas mãos do inimigo, ao apunhalar-se, exclamou: *Qualis artifex pereo!* (Que grande artista morre comigo!). Popularmente, acredita-se que Nero teria dito: "Que grande artista o mundo vai perder!". Ele morreu no dia 9 de junho de 68 d.C.

– Tia, esse Nero era impossível, não é?

– Impossível, Marcelo? Ele era um homem desiquilibrado! Matou a mãe adotiva, Agripina, e mandou assassinar sua esposa Otávia, que só tinha 22 anos. No dia 18 de julho de 64 d.C. irrompeu em Roma um incêndio que durou nove dias e destruiu dois terços da cidade. O *Domus Transitoria* que ligava o seu palácio aos Jardins de Mecenas foi totalmente destruído. O Fórum e o Capitólio se salvaram, mas milhares de pessoas morreram. Dizem que foi ele o responsável pelo incêndio e teria assistido Roma queimar enquanto tocava lira e recitava versos sobre a queda de Troia.

– Além de todo esse estrago, crianças – disse tio Emílio –, perderam-se ainda, casas, templos, manuscritos e preciosas obras de Arte. E, depois disso, Nero acusou os cristãos de haverem incendiado Roma e obrigou alguns a confessarem sob tortura, executando-os com extrema crueldade: uns foram lançados às feras para ser devorados, outros foram crucificados e muitos foram queimados vivos e usados como tochas para iluminar a escuridão da noite.

– Meu Deus, tio, que homem mau! Tia Marta tem razão.

– Xi, pessoal, vamos mudar de assunto senão Marta vai recomeçar.

Tia Marta sorriu e saiu da sala dizendo que ia preparar o jantar. Mas voltou-se da porta e falou:

– Olhem, quando Nero morreu, o povo saiu às ruas para festejar.

– Mas também muita gente chorou – disse tio Emílio –, porque conta-se que assim como ele era cruel com os grandes era muito generoso para com os pobres.

– Quem pode saber... quem pode saber... – foi dizendo tia Marta enquanto se dirigia para a cozinha.

Arte Cristã Primitiva

*A*rte Cristã Primitiva – continuou tio Emílio no dia seguinte – é aquela dos primeiros cinco séculos do aparecimento do Cristianismo. Não se esqueçam de que o nascimento de Jesus é o acontecimento que a humanidade ocidental fixou como início de nossa era. Nos três primeiros séculos, o Cristianismo foi perseguido e, nessa época, surgiu a Arte das catacumbas que eram cemitérios subterrâneos onde os cristãos sepultavam seus mortos. No ano 313, o imperador Constantino, influenciado por sua esposa Helena, Santa Helena, assinou um tratado tolerando a prática do Cristianismo.

– Por que você disse Santa Helena?

– Porque se trata, Daniela, da Santa Helena de quem sua tia Marta é devota. Mas vamos prosseguir: um traço geral é notado nas primeiras esculturas das catacumbas, a técnica era muito rudimentar e havia muita pobreza na expressão. Os cristãos consideravam as estátuas nuas da Mitologia verdadeiras encarnações do mal e muitos deles chegaram a destruir maravilhosas obras da Antiguidade clássica greco-romana por considerá-las pecados pagãos. Por isso, os escultores daquele tempo dedicavam-se à execução de sarcófagos de mármore. Quando passou essa época, os artistas começaram a esculpir figuras humanas representando personagens do Novo e do Velho Testamento. As primeiras pinturas das catacumbas são ingênuas, simples e os artistas usavam muitos símbolos figurativos. O peixe passou a ser o símbolo do Cristianismo. Peixe em grego é ICHTHYS e cada letra é a inicial das palavras gregas *Iesus Christos Theou Yios Soter* que quer dizer: Jesus Cristo Filho de Deus Redentor. Um fato curioso: vocês viram os símbolos usados pelos cristãos, entre eles, a *swastika* (suástica ou svastica) cruz gamada, que tem quatro gamas, quatro braços. Para os budistas, aqueles que seguem a doutrina de Buda, mestre indiano, e para os brâmanes, membros da classe sacerdotal, é o símbolo de saudação, de felicidade. Pois bem, Hitler usou-a como símbolo do nazismo. Ele queria enganar o mundo de que adotara um símbolo cristão. Esse símbolo, usado para o mal, aterrorizou a humanidade. Hitler matou seis milhões de judeus! Cometeu o que se chama de Holocausto, um dos maiores crimes contra a humanidade. Ele foi o maior saqueador de todos os tempos. Roubou 16 mil obras de arte, pois pretendia fundar com elas, um museu na Áustria.

– Tio como eram as catacumbas?

– Não se esqueçam, crianças, de que a religião era perseguida e as práticas cristãs se realizavam de forma oculta. Assim, nessa fase não existe propriamente arquitetura. Pensou-se durante muito tempo que as catacumbas serviram para as reuniões dos fiéis, entretanto ficou provado que esses lugares sombrios eram apenas cemitérios onde os cristãos eram sepultados. As reuniões eram realizadas nas residências em Roma e em outras cidades com muito sigilo e cuidado, pois os fiéis temiam a tortura e a morte por parte das autoridades.

– Essas catacumbas deviam ser lugares horríveis.

– É verdade, Marcelo. Grandes galerias subterrâneas se entrecruzavam em diferentes níveis, ocupando centenas de quilômetros. Os corpos eram sepultados em nichos abertos na parede, em fila, uns sobre os outros, e uma pedra com o nome do morto e uma frase piedosa fechava a abertura. As catacumbas maiores e mais famosas são as de Roma, localizadas à beira das vias imperiais, na Via Ápia, pois os romanos proibiam o sepultamento no centro da cidade. Marcelo, projete algumas figuras de Cristo dessa época.

– Tio – perguntou Marcelo –, eles sabiam como era o rosto de Cristo?

– Era justamente sobre isso que eu ia falar. Um grande problema surgiu, nessa época, com a pintura de Cristo. Como deveria ser ele? O bispo Tertuliano achou que deveria ser feio para evitar tentação; São João Cristófaro insistiu em que deveria ser belo para atrair as almas e venceu. Cristo é belo!

Interior de uma Catacumba, onde os cristãos eram sepultados. Via Ápia, Roma (Itália).

Arte Bizantina

Do século IV ao século XV

Titio – disse Marcelo –, estou lendo no seu livro que Constantinopla, hoje chamada Istambul, foi a suntuosa capital do Império Cristão e, com a invasão dos bárbaros, o Imperador Constantino mudou a sede do trono para a antiga cidade de Bizâncio, entre a Ásia e a Europa.

– Isso mesmo, Marcelo, assim nasceu o Império Bizantino que teria um lugar muito especial na história das artes. Depois da oficialização do Cristianismo pelo Imperador Constantino, a pintura cristã primitiva passa a se dividir em dois ramos: um ocidental e outro oriental. O ramo oriental é a Arte Bizantina, e o ramo ocidental, a pintura românica. A bizantina é rica em murais de mosaicos coloridos e dourados. A pintura e os mosaicos postos a serviço da religião, também obedecem à Lei da Frontalidade. A Arte bizantina desenvolveu-se por 1.000 anos por toda Bizâncio, até sua destruição pelos turcos, em 1453.

– Nossa, que igreja bonita!

– Essa catedral, Marcelo, é o maior monumento da Arte bizantina, o mais rico e mais belo templo da cristandade. É a catedral de Santa Sofia construída por Constantino. Também é conhecida como Hagia Sofia.

– Ela parece de ouro!

– Parece, não, Daniela. Ela era de ouro. O altar era todo adornado com placas de ouro maciço e pedras preciosas trituradas. O piso também era de ouro com colunas de mármore medindo 11 metros de altura. Essas colunas foram retiradas do Templo de Diana, em Éfeso, considerado uma das sete maravilhas do mundo antigo. Observem bem. Vejam que suntuosidade, que luxo! Os móveis eram lavrados em ouro e marfim; os mosaicos, os capitéis rendilhados em ouro e pedrarias. Mil candelabros de ouro maciço e 40 mil bandejas de prata adornavam os altares. Jamais se fez coisa igual no mundo. Todos se extasiavam diante de tanta riqueza e de tanto esplendor! Dizem que a festa de inauguração durou 15 dias e quando Justiniano chegou com sua esposa Teodora que tinha sido atriz de circo...

– De circo?

– É, Daniela, de circo! Mas com o casamento ela se tornou imperatriz. A história conta que Justiniano, diante do povo, das autoridades, dos chefes militares, dos embaixadores estrangeiros com seus símbolos, estandartes e armas, desceu do cavalo todo ornamentado de seda, ouro e pedrarias e, empunhando a espada, gritou: "Venci-te Salomão!"

– Deve ter sido bonito!

– Sim, Daniela, ainda mais que depois, foram distribuídas toneladas de trigo, de carnes de boi e de carneiro entre danças, ladainhas e intermináveis procissões.

– Sabe, tio – disse Marcelo –, eu acho tudo isso um pouco empetecado demais.

– A Arte bizantina era assim: empolada, esplendorosa e chamativa. Mas uma coisa terrível aconteceu, marcando o fim desse esplendor. Com a invasão de Constantinopla pelos turcos otomanos muçulmanos sob as ordens de Maomé II, a igreja foi invadida, saqueada e destruída. Eles mataram mais de dez mil pessoas refugiadas ali.

– Que coisa horrível, que gente bárbara!

– Isso, Marcelo, aconteceu em 1453 e marcou a queda de Constantinopla. Lavada em sangue, Santa Sofia transformou-se em mesquita, templo muçulmano. Além de Santa Sofia, muitas igrejas sofreram influências bizantinas. Um bom exemplo é a catedral de São Marcos, em Veneza, onde vocês verão, decorando a sua fachada, os quatro cavalos de bronze trazidos do hipódromo de Constantinopla, em 1204, quando a capital bizantina foi atacada e saqueada pelos venezianos e por cristãos da Quarta Cruzada. Mais tarde, Napoleão Bonaparte levou os cavalos para Paris, mas foram devolvidos pela França quando ele perdeu a batalha de Waterloo, na Bélgica, contra os ingleses e prussianos, em 1815, comandados por Wellington. A igreja de San Vitale, em Ravena, e centenas de outras espalhadas pelo norte e sul da Itália sofreram também influências bizantinas. Agora, crianças, lembrem-se sempre e marquem bem esta data: 1453, quando ocorreu a queda de Constantinopla, teve início a Idade Moderna!

"Catedral de São Marcos". Praça de São Marcos, Veneza (Itália).

ARTE ROMÂNICA
Do século XI ao século XIII

— Tio, essa Arte se chamava românica por que era de Roma?
— Isso mesmo, menino. Os arqueólogos franceses deram-lhe esse nome no princípio do século passado, porque se formou sob as influências das artes de Roma pagã e cristã. É a Arte, por excelência, dos conventos, mosteiros e abadias. As ciências, as artes, as técnicas, tudo era ensinado nas abadias e conventos, que se erguiam em imensas cidades com economia própria e possuíam grandes muralhas e fortalezas, como meio de defesa, contra as constantes invasões da época. Os monges eram arquitetos, geômetras, pintores, escultores, ourives e miniaturistas famosos. Sua finalidade era agradar a Deus com o seu trabalho e Arte. Eram autores de belíssimos manuscritos iluminados em pergaminho.

— Por que iluminados?

— Olhe, Daniela. Iluminura é um delicado trabalho de ornamentação executado a mão que se fazia em livros e pergaminhos, na Idade Média. Os manuscritos iluminados eram guardados em imensas bibliotecas como verdadeiros tesouros da Arte cristã. Até meados do século XII não existia outra escola senão a dos mosteiros. A Ordem Francesa de Cluny fundada em 910 e a de Cister fundada em 1098 eram as mais famosas e importantes.

— Que engraçado! — exclamou Marcelo. — Diz aqui que no ano 1000 o mundo ia acabar!

— Pois é. No ano 1000 correu o boato de que o mundo ia acabar. Foi um rebuliço! As pessoas amedrontadas foram mudando seus comportamentos, rezando, conversando com Deus: "Como é que a humanidade ia ficar sem o mundo?"

— Mas acontece que chegou o ano 1000 e o mundo não acabou. Então, em agradecimento a Deus, a fé religiosa aumentou e a Europa foi semeada de igrejas. Fato semelhante ocorreu no ano 2000. Felizmente, o mundo também não acabou.

Tia Marta interrompeu a conversa:

– Lembrei-me agora, de uma marchinha muito antiga que dizia:

"Anunciaram e garantiram que o mundo ia se acabar
Por causa disso a minha gente lá de casa, começou a rezar
Até disseram que o sol ia nascer de madrugada
Por causa disso a minha gente lá do morro não fez batucada"...

As crianças logo aprenderam e começaram a cantar com a tia.

Tio Emílio reclamou:

– Com as histórias e cantoria de Marta com toda a certeza iremos acabar com este papo, sabem quando? No ano de São Nunca.

Mas as crianças saíram em defesa da tia, dizendo que a marchinha era divertida, que tinha tudo a ver com o fim do mundo e continuaram cantando quando o tio pôs um fim na brincadeira.

– Agora chega! Temos que voltar a arquitetura românica. Marcelo, procure as igrejas.

– Aqui estão.

– Observem que na arquitetura das igrejas aparecem novas e pesadas abóbadas de pedra ou argamassa, embora o desenho seja o mesmo da igreja cristã primitiva. Na verdade, as igrejas são verdadeiras fortalezas com pinturas e afrescos. A românica é a Arte dos murais e afrescos. As figuras são sem perspectiva, os rostos sempre iguais, com olhos redondos. A Arte românica desconhece, pois, a perspectiva, o claro-escuro, e, destinada a traduzir sentimentos, distingue-se pela vivacidade do colorido, a exemplo dos mosaicos e ícones bizantinos.

– Os olhos redondos – observou Marcelo – parecem aqueles dos bonecos que Daniela costuma desenhar.

– Quer dizer – disse Daniela, achando graça – que eu tenho um estilo muito românico, não é?

– Tem mesmo, menina. Por causa dos olhos redondos é muito fácil identificar uma figura românica. Reparem que há muita noção de ordem na Arte românica. A decoração começa a se enriquecer com belíssimos e bem trabalhados tapetes, colocados sobre muros e paredes das igrejas e castelos. Os tapetes não serviam somente para embelezar, mas também para diminuir a umidade das paredes de pedra, no inverno, e eram mais quentes do que a pele dos animais. Eram pinturas móveis que podiam ser facilmente transportadas de um lugar para outro, quando os reis e os fidalgos viajavam. Alguns eram enormes como o famoso "Apocalipse de Angers", tecido em Paris por Nicolas Bataille, medindo 150 metros de comprimento, encontra-se no museu da cidade de Angers, na França. Apresentavam temas religiosos e mais tarde profanos, quer dizer que não eram sagrados, não pertenciam à religião. Depois, tornaram-se comuns os assuntos mitológicos, históricos, cívicos e literários.

– Parece que os antigos gostavam muito da arte de tapetes – disse Marcelo.

– Para os povos nômades, isto é, povos errantes que não têm moradia fixa e se deslocam constantemente à procura de alimentos, pastagens etc., e vagueiam pelos desertos, principalmente os da Pérsia e Turquia, os tapetes tinham importante papel em sua vida doméstica. Em suas peregrinações pelos desertos, não podiam carregar utensílios, móveis, e, assim, os tapetes e almofadas substituíam as mesas, as camas, as cadeiras, os sofás e ainda serviam de adorno. Dizem que até Maomé, antes de desligar-se do medo das coisas terrenas, teria vivido até os 40 anos como mercador, sendo um apreciador da tapeçaria. Conta-se que na sua tenda, em Medina, os visitantes sentavam-se sobre tapetes e panos ricamente tecidos.

– Qual é o tapete mais antigo do mundo?

– Bem, Marcelo, é muito difícil saber, porém o Pazyryk, feito há mais de 5 séculos a.C., teria sido encontrado pelo arqueólogo russo Rudenko, no túmulo de um nômade, nas Montanhas Altai, a 6 milhas da fronteira da Mongólia. Esse tapete encontra-se, hoje, no Museu Ermitage, da antiga Leningrado, Rússia. Em 1991, Leningrado passou a se chamar São Petersburgo. Acredita-se que os tapetes já existiam na civilização egípcia. Conta-se, também, que Ciro, imperador dos persas, ficou tão fascinado com a beleza dos tapetes que, quando morreu, em 529 a.C., seu corpo foi coberto por riquíssimos tapetes.

– Os tapetes custam muito caro?

– Há os que valem imensa fortuna, Marcelo. Pode-se até dizer que alguns não têm preço. Os da Pérsia de cores esplendorosas são os mais famosos e mais caros: Nahin, Kum, Isfahan, Tabriz, Kashan, Malayer; os do Cáucaso: Shirvan, Kazak, Kuba, Chichi...

– Credo, que nome! – interrompeu Daniela, rindo.

– Pois eu tinha certeza de que você iria implicar com o nome desse tapete. E por falar nisso, somente agora percebi o que Michelangelo fez sobre o meu rico tapete persa que me custou uma verdadeira fortuna! Crianças, não deixem sua tia saber do estrago!

Daniela, brincando, ralhou com Michelangelo que foi se esconder atrás da poltrona.

– Acho que ele fez isso, por causa do nome do tapete.

Marcelo disse que Daniela não tinha jeito mesmo, enquanto o tio continuou:

– Quanto mais velho for um tapete, mais valor tem. Os tapetes chineses também têm boa cotação no mercado de Arte, especialmente os Sinkiang e os Pekin. Os da Turquia também são tão valiosos e famosos como os persas: Konia, Derbent, Ladik, Kula, Ghiords.

– Quem fez tapetes mais bonitos na Idade Moderna? – quis saber Marcelo.

– Os italianos e os franceses, mas sempre influenciados pelos persas. Os tapetes simples de Kelim têm no centro uma roseta geométrica e pertencem às tribos nômades. Os de Bukara vêm do solo asiático e seus desenhos geométricos e cores variam muito, sendo as bordas a parte mais ornamentada. Na época dos safáridas começam a aparecer desenhos de árvores, flores, arbustos e criaturas, movimentando-se num mundo encantado.

– Acho que a gente vai visitar muitas catedrais na Europa – disse Daniela.

– Espero que sim, pois as catedrais também são importantes monumentos de Arte. Mas não se esqueçam de visitar a abadia beneditina de Monte Cassino, na Itália, que foi uma grande escola de miniaturas. Essa abadia foi invadida e destruída pelas forças inimigas, durante a II Guerra Mundial. Os soldados da FEB, Força Expedicionária Brasileira, lutaram ao lado dos aliados, na batalha de 4 a 9 de novembro de 1944, que culminou com a tomada de Monte Castello pelos aliados. Foi uma grande vitória para os brasileiros.

– Eu não sabia disso!

– Pois saiba, também, Daniela, que os soldados brasileiros, que morreram lutando, estão sepultados no cemitério de Pistoia que, como Monte Cassino e Monte Castello, fica na região da Toscana (Itália). Lá também se encontra a catedral e a torre inclinada de Pisa, que cada vez se inclina mais. A poucos quilômetros de Pisa, encontrarão a pequena e pitoresca Lucca, à beira do rio Sercchio uma das mais belas cidades da Toscana. *Le Mura* (Os Muros) circundando toda a cidade são os únicos muros sobre os quais pode-se passear a pé ou de automóvel. Na Catedral de San Martino (séculos X e XII) num altar central rodeado de grades, está o *Volto Santo* (Santa Face), uma das mais belas esculturas em madeira de Jesus crucificado. Todos os anos, no dia 13 de setembro, é ornamentado com suas vestes de ouro e pedras preciosas, atraindo turistas do mundo inteiro.

– A lenda do Volto Santo é comovente – disse tia Marta. – O artista que o esculpiu em madeira negra chamada ébano, não conseguiu terminar a cabeça do santo e adormeceu. Quando acordou, a cabeça estava pronta. Conta-se que teria sido Nicodemos, discípulo de Jesus, quem executou o trabalho. A imagem, escondida na Palestina por muito tempo, foi resgatada pelo bispo peregrino, Gualfredo, que a colocou num barco sem piloto e assim a imagem teria chegado à cidade de Lucca, na Itália.

– Uma outra lenda sobre o Volto Santo – prosseguiu o tio...

Tia Marta interrompeu:

– Deixa que eu conto, Emílio. Dizem que um mendigo entrou na catedral de São Martino, em Lucca, segurando um violino. Foi até o altar do santo, rezou e disse: "Perdoa-me, Senhor. Eu sou tão pobre que nada tenho para lhe oferecer. Mas vou tocar uma linda música para alegrar o seu coração. É só o que tenho para falar do meu amor e da minha fé". E tocou uma bela melodia. Comovido, Jesus jogou uma das suas sapatas de ouro no chão, em sinal de agradecimento. Quando o mendigo ia recolhê-la, chegaram os padres, acusando-o de ladrão. Recolocaram a sapata no pé de Jesus que voltou a jogá-la no chão.

"Volto Santo" (Santa Face). Estátua em madeira de Jesus crucificado. Catedral de San Martino, Lucca (Itália).

Os padres, então, compreenderam que o Volto Santo queria ajudar o pobre homem. Assim, venderam a sapata e dividiram o dinheiro entre o mendigo e outros pobres.

– Não se esqueça de dizer, Marta, que é por isso que o Volto Santo só tem uma sapata. O outro pé, desnudo, fica apoiado num cálice também de ouro.

– Adorei essa lenda! – exclamou Daniela.

– Eu também – concordou Marcelo.

– Um dia, os levarei à Lucca, terra dos meus avós e iremos admirar juntos o Volto Santo.Todas as religiões do mundo são cercadas de lendas que jamais se extinguem. Isso exalta ainda mais a fé dos povos. É o que acontece também com a padroeira do Brasil, Nossa Senhora Aparecida. Conta a lenda que em 1917, ela foi retirada por alguns pescadores, do fundo do rio Paraíba, onde havia poucos peixes. Eles continuaram tentando. Jogaram a rede e nela veio apenas o corpo de Nossa Senhora. Na segunda vez, pescaram a cabeça da imagem. Tornaram a jogar a rede, que dessa vez, voltou carregada de peixes. A imagem foi levada para a igreja. Em 1888, a princesa Isabel presenteou a santa com uma coroa de ouro cravejada de rubis e diamantes. Em 1978, a imagem sofreu um acidente que a reduziu a mais de 200 fragmentos. Foi então encaminhada para o Masp, Museu de Arte de São Paulo, onde seu diretor, Pietro Maria Bardi, a entregou a Helena Chartuni para restaurá-la. Atualmente, encontra-se na basílica de Aparecida, próximo a São José dos Campos, interior do estado de São Paulo, lugar de peregrinação.

Empolgado, tio Emílio ia se afastando da Arte românica, quando Marcelo disse que já tinha achado os textos e as ilustrações.

– A partir do século XII – concluiu o tio – a pintura românica evolui, mistura-se à pintura gótica que também se desenvolverá a caminho da Arte renascentista.

Arte Gótica

Do século XII ao século XIV

Como era a Arte gótica?

— Já expliquei, Marcelo, que é no século XII que a Arte românica vai se transformando na Arte gótica, tendo como berço a região de Île-de-France, onde se encontra Paris.

— O que quer dizer gótico?

— Gótico, Daniela, vem de ogiva, figura arquitetônica formada por dois arcos iguais que se cortam superiormente. Vejamos uma catedral gótica no livro.

— Aqui está, tio, a Catedral de Chartres, construída de 1120 a 1260, na França. Como é bonita e imponente!

— É verdade, Marcelo. Sua flechas, isto é, as formas piramidais e agudas que coroam o seu campanário, têm 105 metros de altura e lançam-se majestosas para o alto. A catedral de Strasburgo, na França, chega a 142 metros, sendo a mais alta da Europa. Na Arte gótica, as igrejas perdem aquele ar de fortaleza e começam a se elevar. O ser humano olha para o céu, tudo se abre em vitrais. Tanto na escultura como na pintura, as imagens alongam-se, afinam-se. Nelas há muita clareza e ordem, pois deviam ensinar ao povo as regras da igreja.

— Quem construiu as catedrais góticas?

— Boa pergunta, Daniela. Foram os templários. Eram assim chamados porque tiveram por morada o Templo de Salomão. Eles criaram a Ordem do Templo em 1118 e tinham por missão defender os peregrinos que visitavam Jerusalém, a Terra Santa. Também eram chamados maçons, quer dizer, pedreiros.

— Outra informação – disse tio Emílio. – Eles construíram as catedrais góticas, usando o número de ouro de Pitágoras e o número sagrado. Só agora, isso começa a ser desvendado. Acredita-se que a catedral gótica seria um livro de pedra, onde está inscrita a história da evolução do mundo e seus mistérios. Precisamos aprender a lê-la.

– Interessante, Emílio, os templários eram muito ricos, mas viviam em extrema pobreza.

– É verdade, Marta. Mas tinham por missão auxiliar os pobres e os doentes. Para isso, criaram os bancos itinerantes.

– Uma coisa horrível aconteceu aos templários – disse tia Marta. Todos eles, considerados hereges, quer dizer que pregavam doutrinas contrárias às leis da igreja, foram aprisionados, torturados e queimados vivos.

– Eles não fizeram nada contra a igreja – continuou o tio – apenas possuíam profundos conhecimentos científicos e esotéricos, quer dizer ocultos, para explicar a relação do ser humano com o Universo. E sobretudo, como já disse, possuíam muitas riquezas. O rei as queria para si, e o papa queria acabar com a Ordem dos Templários. Uniram-se com essa finalidade. Eles mandaram 138 templários para a tortura e a fogueira.

– Que horror, eles morreram como Joana D'Arc!

– É verdade, Marcelo. Foi um crime horrendo cometido pelo papa Clemente V e o rei da França, Felipe IV, conhecido como Felipe, o Belo. Eles tomaram a fortuna adquirida pelos templários na Guerra Santa. Torturados, os templários fizeram muitas confissões, mas jamais revelaram ao que realmente se dedicavam. Eles preferiam morrer a revelar o segredo da Ordem. O segredo morreu com eles. Jacques de Molay – pronuncia-se Molé, em francês, – foi o último templário a morrer na fogueira. Momentos antes, despiu-se do manto, e inteiramente nu, caminhou corajosamente para o lugar do seu suplício.

– Tio, mas porque ele tinha que ficar nu?

– Porque assim o manto não se queimaria, o que significava que a Ordem continuaria. Ao chegar perto da fogueira ele ergueu os olhos para o céu e disse com firmeza: "Convoco o papa Clemente V a comparecer diante de Deus, dentro de 40 dias e o rei Felipe IV dentro de um ano".

– Realmente, o papa Clemente V, logo depois, contraiu uma doença intestinal e morreu. Filipe V, oito meses mais tarde, sofreu uma queda do cavalo e também morreu. Premonição? Coincidência? A pergunta fica no ar. A verdade é que não devemos discutir religiões e profissões de fé, que realmente não conhecemos.

– Mais uma história impressionante!

– Realmente Marcelo, parece que a última história é sempre mais interessante.

– Titio, achei a abadia de Saint Denis.

– Marcelo, essa é a primeira abadia gótica em Paris, e sua construção durou de 1132 a 1144. Lembrem-se de que o estilo gótico também alcançou a Inglaterra e lá encontrarão a suntuosa beleza das catedrais de Salisbury (1120), Canterbury (1503) e a abadia de Westminster (1245) onde se casam os membros da família real inglesa.

– O Príncipe Charles casou lá?

– Não, Daniela. Mesmo sendo filho da rainha da Inglaterra ele quebrou a tradição, escolhendo a Catedral de Saint Paul para se casar com Lady Diana.

– Eu li nos jornais que é porque a Catedral de Saint Paul é muito grande e, assim, caberia mais gente.

– Sim, mas saiba, Marcelo, que todas as catedrais são imensas, mas a de Amiens, em Paris, com 7.700 metros quadrados, permitia a toda a população da cidade assistir à mesma cerimônia, de uma só vez.

– Era como uma cidade, não é?

– Isso mesmo, Daniela, rodeada de muralhas e torres, como se fosse uma fortaleza, formando uma pequena cidade encerrada em si mesma. Outra belíssima catedral é a Notre Dame, de Paris, construída de 1163 a 1245.

Nesse momento, abriu um enorme álbum de fotografias e mostrou-o aos sobrinhos.

– Vejam esta foto minha e de Emílio tirada à porta da Catedral de Notre Dame, em nossa última viagem à Paris.

As crianças olharam atentamente a fotografia e o tio foi falando:

– Fomos lá assistir a um concerto de música de câmara e sua tia não queria mais sair de lá.

– Tio, mas concerto na igreja?

– Isso mesmo, Daniela, já falamos disso. Antigamente, era nas igrejas que se realizavam autos, que são comédias ou dramas antigos, representação dramática de doutrinas e festas religiosas. Hoje, nas altas estações, em todo o mundo, as igrejas continuam sendo palcos de grandes atrações turísticas, com a apresentação de corais, músicas de câmara, orquestras e teatro.

Mas, voltemos à Notre Dame de Paris – interrompeu tia Emília. – É uma catedral de estilo gótico radiante. Suas torres foram concluídas em 1245, mas as flechas, que são torres finas, alongadas, de grande altura, jamais foram colocadas. É também uma catedral histórica, pois serviu de cenário à coroação de

Napoleão. Conta a história que, certa vez, sem nenhuma cerimônia, ele entrou a cavalo na catedral. O mesmo teria acontecido na catedral de Reims, a mais rica de todas, onde também eram sagrados os reis da França.

– Não se esqueça Emílio de que a catedral de Beauvais é a mais audaciosa das catedrais e também foi cenário de acontecimentos reais.

– É o que conta a história, Marta. Notre Dame de Paris, não é a maior catedral da França, mas é uma das mais belas. Os três portais são magníficos, encimados por 28 estátuas que representam os reis de Israel e Judá. Logo acima, vê-se a rosácea ou *roseton*, de quase dez metros de diâmetro e no centro, as esculturas da Virgem Maria e do Menino Jesus.

– O mais intrigante, Emílio, são as górgonas ou quimeras colocadas pelo arquiteto Viollet-le Duc (1814-1879): o Vampiro, o Alquimista, o Saturno, o Demo e outras. São figuras grotescas de formas bizarras e curiosas que se exibem numa saliência do muro, lá no alto, logo abaixo das torres. Entre elas, o Vampiro olha pacientemente as estrelas. Dizem que estaria sintonizado com a estrela polar. Mas como já falamos, com o deslocamento do eixo da Terra, essa sintonia com as pirâmides e as catedrais se perdeu.

– O que mais vocês gostarão de ver – disse tio Emílio – será o sino chamado Emmanuel, que pesa 13 toneladas e está na torre esquerda da catedral. Por uma pequena gorjeta, o guardião pode extrair do bronze belas melodias. Com um placa de metal, ele vai esfregando o bronze, o que produz um som mavioso e vocês poderão ouvir belas canções. É só pedir.

– Eu acho isso uma coisa maravilhosa! – exclamou Daniela. – Não vejo a hora de visitar Notre Dame!

– Estou vendo – observou Marcelo –, que as catedrais góticas são muito bonitas e ricas. Acho que a construção delas devia custar muito dinheiro, não é?

– Realmente. Mas todos colaboravam, desde a família real até o povo. Faziam donativos, carregavam pedras, ajudavam a esculpir e a pintar, enfim, ajudavam no que podiam. As catedrais eram o refúgio da alma, escolas, centros de Arte, reuniões, assembleias. Ali, como já disse, nasceu o teatro de nossos dias. Seus portais, paredes, vitrais contam histórias proféticas, falam da Virgem, das ciências, das Artes, do amor a Deus. Como viram, a arquitetura gótica parece trabalhada em renda, os artistas voltam-se, gradualmente, à observação da natureza. Voltam a aplicar a perspectiva e o claro-escuro, dando maior realismo à paisagem e aos movimentos do corpo humano. Quando a pintura gótica chega à sua fase final surgem os pintores chamados pré-renascentistas, isto é, que anunciam a Renascença. Da pintura gótica para a pintura renascentista, um acontecimento muito importante vai marcar a História da Arte: os irmãos VAN EYCK, Hubert (1365-1426) e Jan (1390-1440), descobrem e aperfeiçoam a pintura a óleo.

O Vampiro, também chamado Pensador, sintonizado com a estrela Polar observa pacientemente as estrelas.

"Catedral de Notre Dame" (1163-1245), Paris (França).

Arte Chinesa e Japonesa

Tio Emílio separou os livros de Arte oriental e começou a explicar:

– A começar da escrita, pode-se dizer que na China escrever é também uma arte. Não somente porque ela é a expressão da civilização, mas, também, porque está intimamente ligada à pintura. Os chineses se expressam por meio de ideogramas, isto é, sinais que exprimem ideias. Eles resistiram a toda evolução, embora tenham sido os inventores da pólvora, no século VII, e tenham também escrito grandes trabalhos sobre Astronomia e Medicina. Para os chineses a escrita é tão importante que costumam colocar textos escritos ao lado de suas pinturas. São famosos os poetas pintores da China.

– Como é a Arte dos chineses?

– Eles trabalham com manchas de cores, Marcelo, e a principal característica da pintura chinesa é o contorno das figuras traçadas com tinta nanquim, dando muito realce às linhas, à expressão, em preto e branco. Embora lhes falte a cor, as figuras em nanquim são consideradas o ponto culminante da Arte chinesa. Para o céu e a água, costumam dar um leve colorido marrom ou amarelado. Sempre foram especialistas na pintura sobre a seda. Suas figuras jamais projetam sombras e afirmam que sua pintura reproduz a realidade, ao passo que imagens de sombras e reflexos são puras aparências. Quando, em 1796, uma delegação inglesa esteve em Pequim, apresentando quadros de pintura europeia, os chineses ficaram espantados quando viram sombras nos rostos das pessoas ali representadas e perguntaram se elas eram assim, mais escuras de um lado do que do outro.

– Mas por que perguntaram isso, hein?

– Porque viram naquelas sombras do queixo e do nariz um grave defeito.

– Pensando bem, titio – disse Daniela –, acho que tinham razão.

— Não é bem isso, é que os chineses não usavam a cor à moda dos europeus. Empregavam-na de modo linear, em superfícies e manchas. Vejam bem: quando pintam uma paisagem com barquinhos eles não pintam a água. Preferem representar a chuva porque a representam de modo linear, com tracinhos. Só mais tarde criariam cores luminosas como o azul-turquesa, que até hoje encanta o mundo. Na época de Kang-Hsi, a China tornou-se famosa na Arte pela "família dos vasos" conhecida como a "família verde" e a "família vermelha" cores que cintilaram nas maravilhosas obras de Arte chinesa, em porcelana. Entretanto, os bronzes duradouros continuam sendo os mais antigos documentos da Arte chinesa.

— E a Muralha, tio? Eu li sobre ela no livro *Viagens de Marco Polo*.

— A Grande Muralha, que em chinês se diz: *Tch'ang-Tch'eng* e quer dizer longo muro, tem 2.400 quilômetros de extensão, nove metros de altura e seis metros de largura e serpenteia por montanhas do nordeste da China, apresentando grandes curvas, pois devia passar pelos feudos para protegê-los. A ideia foi de Shi-huang-ti, por volta de 221 a.C. como arma de defesa contra hunos e mongóis. Conta a lenda que o imperador tinha um cavalo branco e mágico que galopando em busca de um bom pasto teria traçado a rota da muralha. Seus numerosos portões e pesados pavilhões assemelham-se a templos que serviam

Kao K'o-Kung. "Paisagem depois da Chuva".

ao culto de divindades, formando um conjunto de fortificações com 25 mil torres. Foi edificada com terra e pedra sobre alicerces de granito, sob ventos gelados e tempestades de neve. Na ponta leste está inscrito: "O céu fez o mar e as montanhas". Para os chineses, o céu é o símbolo do poder sobrenatural. Na ponta oeste, no Planalto do Tibet, encontra-se outra inscrição: "Esta muralha deve servir de defesa para tudo o que existe sob o céu". Alguns de seus templos tinham bonitos nomes como o Templo Celeste, o Templo Amarelo e o Templo das Nuvens Azuis. Apesar de tudo, a muralha não impediu a passagem de Gengis Khan e seus mongóis, em 1212, e com o passar do tempo os terremotos e a construção de estradas de ferro e de rodagem acabaram por destruir parte da milenar fortificação. Se você, Marcelo, leu o livro de Marco Polo sabe que ele foi um famoso mercador veneziano, que contou histórias maravilhosas sobre a sua viagem pela China falando da Grande Muralha com especial deslumbramento.

– Parece que ele fala, também, dos livros que tinham nomes engraçados.

– Na verdade, Marcelo, existem dois livros que nunca foram superados na China: *O Jardim do Grão de Mostarda,* extensa enciclopédia da pintura chinesa, cujo nome vem de uma parábola budista, segundo a qual no minúsculo grão de mostarda está contida toda a imensidão dos dez mil mundos; *O Salão dos Dez Bambus,* primeiro livro a cores, adornado com gravuras em madeira. O nome foi dado por Hu Cheng-yen, inspirado em seu estúdio que era rodeado de touceiras de bambu que ele tanto apreciava.

– Como é bonito este vaso chinês!

– É verdade, Daniela. Os chineses foram mestres em aplicar esmaltes de chumbo em porcelanas já queimadas para conseguir o esmalte com suas tonalidades azul-turquesa, verde-brilhante, amarela e violeta-escura.

– A Arte japonesa é igual à chinesa?

– A Arte japonesa, Marcelo, originou-se da chinesa. É também uma Arte simplificada, sem perspectivas, em sobreposição. Quando os chineses queriam representar um grupo, faziam uma figura em cima da outra, no que os japoneses os imitaram. Quando o Budismo chegou ao Japão, começou a absorver os costumes da vida chinesa e as primeiras obras de Arte começam a aparecer nas esculturas de Buda. Passam os japoneses a pintar em compridos rolos de papel, como era hábito na China. A cerimônia do chá faz a cerâmica evoluir para novas e belas formas. Os japoneses tornam-se mestres na xilogravura, que é a gravura feita em madeira.

– Estou gostando muito da Arte japonesa e chinesa – disse Daniela. – Acho que eles sabiam fazer árvores muito bonitas!

– Eu também estou gostando, tio. Mas queria que você contasse a história de Buda.

– Buda, Marcelo, era um hindu que se chamava Sidarta Gautama, conhecido também por Sakiamuni. Dizem que era um príncipe e certa vez, após meditar, sob a Árvore da Sabedoria, sobre a velhice, a doença e a morte, abandonou suas riquezas e saiu pelo mundo, pregando a sua doutrina que enaltecia a caridade, o amor, a castidade e a não violência. Existem hoje milhares de adeptos de Buda até no Ocidente. No Japão, por volta do ano 600, havia mais de 400 templos budistas com esculturas representando a figura de Buda. Vemos, então, que a religião influenciou a Arte no Japão e grande parte do Oriente. As grandes esculturas de Buda, no Japão, costumam ficar nos nichos externos dos templos, em frente a grandes portões onde os deuses celestes montam guarda.

– Olhe aqui uma figura de Buda – mostrou Daniela. – Nossa, como ele era barrigudo!

– Uns dizem que era porque ele comia muito, e outros afirmam que ele representava uma forma correta de respiração que, segundo os orientais e especialmente os iogues, deve ser feita pelo ventre.

– Parece que a Arte chinesa é mais bonita do que a japonesa.

– É mesmo, Marcelo. Mas não se esqueça de que na história da Arte japonesa os primeiros nomes são os dos mestres chineses.

– Por falar em Japão – lembrou tio Emílio – veio-me agora à cabeça as sábias palavras de um famoso desenhista, gravador e pintor japonês chamado HOKUSAI e que, de certa forma, reverenciam a sabedoria e a experiência dos mais velhos. Ele disse: "Desde os seis anos, eu tinha a mania de desenhar a forma das coisas. Quando estava com 50 anos, havia publicado uma infinidade de desenhos, mas tudo o que produzi antes dos 70 anos não é digno de ser levado em conta. Aos 73 anos aprendi um pouco sobre a verdadeira estrutura da natureza, dos animais, das plantas, dos pássaros, dos peixes e dos insetos. Em consequência, quando estiver com 80 anos, terei realizado mais progressos. Aos 90 anos, penetrarei nos mistérios das coisas. Aos 100, por certo, terei atingido uma fase maravilhosa, e, quando eu tiver 110 anos, qualquer coisa que eu fizer, seja um ponto ou uma linha, então terá vida".

Daniela e Marcelo quiseram copiar em seus cadernos as palavras de HOKUSAI, enquanto o tio dizia que mais tarde iriam ver como a Arte japonesa influenciou a Arte do século XX. E que um dia compreenderiam melhor as belas e sábias palavras de HOKUSAI.

– HOKUSAI – prosseguiu o tio – morreu em 1849 com 90 anos e usando mais de 70 nomes fez perto de 30 trabalhos. Um de seus nomes como pintor foi Gwakionjin que quer dizer "O louco do desenho". Duas de suas belas obras são: "Vista do Fuji", que se encontra no Museu Guimet, em Paris, e "Cenas de Rua", no Museu de Belas Artes, em Boston.

Burstein Collection/Corbis/Latinstock

HOKUSAI. "Cenas de Rua". Esboço em aquarela. Museu de Belas Artes, Boston (Estados Unidos).

Arte na Índia

O mundo inteiro ficou muito agitado, quando em 1924 foram descobertos, em Mohenjo-Daro, na margem ocidental do rio Indo, restos de uma das civilizações mais antigas até agora conhecidas. Em Harapa, também foram descobertas cinco cidades, uma em cima da outra, com centenas de casas de tijolos, algumas de vários andares, dispostas em ruas e avenidas. Entre os achados apareceram utensílios de cozinha, de toalete, em cerâmica feitos à mão ou no torno, dados, peças de xadrez, moedas, instrumentos de cobre e ouro, colares, braceletes, joias tão refinadas que mais pareciam ter saído de uma loja moderna de Paris ou de Londres, do que de uma casa pré-histórica de cinco mil anos atrás.

– Deve ter sido muito interessante desenterrar essas coisas, não titio?

– É verdade, Daniela, imagine como foi grande a emoção dos arqueólogos diante desses achados.

– Estou vendo aqui um pagode, o que ele significa?

– Um pagode ou estupa, Marcelo, era originariamente uma tumba. Com o aparecimento da religião budista na Índia, o pagode tornou-se o monumento do budismo. Os pagodes significavam a peregrinação terrena de Buda. Ali são reproduzidos o leão, o touro e outros animais sagrados. Os hindus acreditavam que esses animais traziam os deuses dentro de si. Os monumentos mais singulares da antiga Arte indiana são as cavernas, as grutas escavadas na rocha. As figuras hindus desse tempo haviam superado a Lei da Frontalidade e aparecem de frente, com movimentos largos.

– Como era a pintura dos hindus? – perguntou Marcelo.

– A pintura hindu só vai ser conhecida, em sua força de expressão, sob o reinado de Samudragupta, quando florescem também a música, a poesia, as artes plásticas. Ela entra na história de palácios ricamente pintados, representando o

Sol, a Lua, as montanhas, os mares, o céu e os deuses. Gupta cercou-se da suntuosidade de pinturas em murais, rolos, bandeiras e cortinas de pano. Muitos conventos budistas eram cavados nas rochas e possuíam murais pintados ao lado dos quais se erguiam grandes figuras esculpidas. Os seres humanos são pintados com suas imensas riquezas de raças e classes. Os corpos pouco vestidos adornam-se de tangas, véus, turbantes, coroas e berloques. Há uma beleza lânguida nas formas e nos gestos, e tudo é reproduzido com a máxima força de expressão, até nas pontas dos dedos. Os templos hindus são muito suntuosos. Vejam o templo de mármore de Somnathpur, em Misore, finalizado no ano de 1270. A arquitetura não podia se deixar prender por muito tempo no interior de cavernas e começa a surgir nos templos de pedra, ao ar livre. Numa procura de fé, a Arte indiana atinge o auge. Os templos são cada vez mais arrojados. As portadas, os andares ganham alturas, cobrem-se de relevos e tomam feição exuberante, esplendorosa.

Símbolos em esteatita. Mohenjo-Daro (Terceiro milênio a.C.). Museu de Antiguidades da Ásia Central. Nova Delhi (Índia).

Templo de Khajuraho (Do 10º ao 11º século).

RENASCENÇA

Do século XV ao século XVI

Renascença ou Renascimento – continuou tio Emílio – foi um movimento que, no começo dos tempos modernos, procurou renovar as artes plásticas, as letras e também a organização política e econômica da sociedade. Sob o estímulo de novas necessidades, o ser humano passa a dedicar-se ao estudo das ciências exatas, aos conhecimentos de física, química e mecânica. É nesse período que aparecem os relógios públicos e os de bolso. O ser humano começa a criar, inspirando-se na natureza, seguindo o ritmo universal da vida. Surgem, então, grandes escultores, sábios, poetas, músicos, arquitetos, cientistas e artistas, entre eles, MICHELANGELO, BRUNELLESCHI, Leon Battista ALBERTI e Leonardo DA VINCI que também inventava e fabricava máquinas. Na Renascença o centro das Artes é Roma sob o governo dos papas, mecenas das Artes.

– O que é mecenas?

– Mecenas, Daniela, foi conselheiro de Augusto. Ele escreveu poesias e obras de história natural. Abriu sua casa aos homens de letras e aos artistas, e seu nome generalizou-se como protetor das Artes. Assim, todas as pessoas ou cidades que protegem as Artes e as letras são chamadas mecenas. Mas, como eu ia dizendo, com a invenção da imprensa por Gutemberg, na Renascença, a cultura democratizou-se, isto é, tornou-se mais acessível, havendo maior liberdade de comunicação. Os artistas deixam de trabalhar exclusivamente para o rei e para a igreja e passam a criar mais livremente. Começam as primeiras explorações e conquistas de terras, as grandes navegações. Enquanto a mentalidade do ser humano da Idade Média era mística e sombria, a do ser humano da Renascença é prática e parece trazer mais felicidade. A cultura torna-se mais liberal. Os artistas escolhem lindas mulheres para modelo, tal qual fez RAFFAELLO com a Fornarina, linda e robusta jovem, filha de um padeiro. Em italiano, padeiro é *fornaio*.

— Por falar em RAFFAELLO, – disse tia Marta – ele também é o autor de uma obra intrigante, chamada "A Bela Jardineira". Nessa obra, Nossa Senhora aparece com Jesus e João Batista. Reparem que o Menino Jesus está pisando o pé de Nossa Senhora, o que quer dizer: "o menino que pisa o pé de sua mãe, mais tarde pisará o seu coração".

— Que bonito! – observou Marcelo. – Quer dizer que mais tarde Jesus será crucificado e causará dor a sua mãe, não é, tia?

— Isso mesmo, Marcelo. Tratava-se de uma linguagem simbólica usada entre os renascentistas, principalmente por RAFFAELLO e DA VINCI. Mas, continuando, a ciência do Renascimento é o Humanismo, quer dizer, a ciência do ser humano. Como vocês já sabem, os irmãos VAN EYCK já haviam descoberto o processo da pintura a óleo, quando só então existiam os afrescos.

— O que é mesmo afresco? – perguntou Daniela.

— Já expliquei, anteriormente, quando falamos sobre Arte romana. Mas, para aclarar a memória, resumindo, é uma técnica antiga de pintar sobre uma parede revestida de argamassa (mistura de água, areia e cal), enquanto ainda estiver úmida. Daí, o nome em italiano, *al fresco*, em português, a fresco – afresco, também chamado pintura mural. A pintura com essa técnica é muito durável!

Leonardo DA VINCI (1452-1519).
"Mona Lisa" ou "La Gioconda".
Museu do Louvre, Paris (França).

– Na Itália vocês verão um afresco famoso, de Leonardo DA VINCI (1452-
-1519): a "Santa Ceia" que decora o refeitório da Igreja Santa Maria delle Grazie (Nossa Senhora das Graças), em Milão. Na Renascença desenvolvem-se também a metalurgia, a arquitetura e a escultura. Constroem-se poderosos canhões, erguem-se belas estátuas. É o Renascimento impelido pela inteligência moderna.

– Como era a Arte da Renascença?

– A Arte desse movimento, Marcelo, é bem realística: muitos veludos, joias, cetins, flores, damas da corte, rainhas, cortejos e jardins.

– Neste livro diz que Leonardo DA VINCI é o maior artista da Renascença.

– Pelo menos, Marcelo, ele é considerado o mais completo artista desse período. Uma de suas mais apreciadas obras é a célebre "Anunciação" que está no Museu dos Ofícios, em Florença.

– Olhe aqui a Mona Lisa, tio – mostrou Daniela.

– A Mona Lisa é a obra mais conhecida de Leonardo e está no Museu do Louvre, em Paris. A modelo era mulher de Francesco del Giocondo, por isso ela é também conhecida por "La Gioconda".

– A pobre da Mona Lisa foi a obra de Arte mais explorada no mundo. Foi estampada em pratos, camisetas, colchas, lençóis, toalhas de mesa, vestidos, tapetes e tampinhas de refrigerante. Por isso, tornou-se tão popular no mundo inteiro. Até Salvador Dali retratou-a de forma surrealista. Trocou o rosto de Mona Lisa pelo seu e decorou a tela com borboletas.

– Acho que foi aí, Emílio, que o Marcel Duchamp também resolveu pôr bigodes na Mona Lisa. É o que veremos quando entrarmos no Dadaísmo.

– Pode ser, Marta. E ainda há outra curiosidade. Há uns 30 anos, foi organizado na Itália, um concurso para escolher a moça que mais se parecesse com a Mona Lisa. Vejam quem ganhou o concurso.

– Eu não acho ela nada bonita.

– Pois é, Daniela, mas foi a mais parecida com a Mona Lisa.

– Mas agora, Marcelo – pediu o tio –, leia o nome de outros artistas da Renascença.

– Giovanni BELLINI (1430-1516), Pietro Vannucci PERUGINO (1445-
-1523), RAFFAELLO Sanzio (1483-1520), Vecellio TICIANO (1490-1576), Andrea DEL SARTO (1486-1530), Antonio Allegri CORREGGIO (1489-1534).

– Esses são os mais conhecidos, mas ainda há muitos outros. Da Itália, onde nasceu, o Renascimento vai se espalhando por toda a Europa e surgem nomes

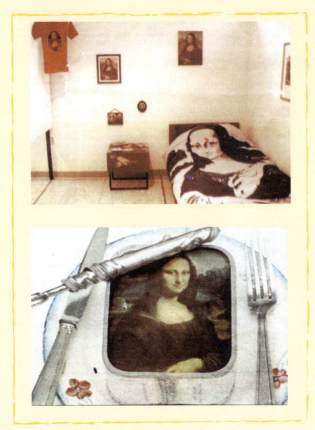

A Mona Lisa foi parar na cama e no prato

como EL GRECO, VELÁZQUEZ, que vocês já conhecem e REMBRANDT. Desenvolvem-se as artes gráficas. A música e a literatura vão acompanhando os movimentos das artes plásticas. Carlos Cavalcanti, professor de História da Arte e escritor brasileiro, falecido em 1974, disse que entre o ser humano medieval e o ser humano renascentista existiam muitas diferenças que melhor se contrastam em duas figuras humanas: São Francisco de Assis e Leonardo DA VINCI. Ambos – diz ele – se aproximam e se distanciam pelo mesmo amor, o dos pássaros. Enquanto São Francisco amava-os, chamando-os de irmãos, dirigindo-lhes palavras de fraternidade, Leonardo também os amava, mas para observar o voo e estudar as possibilidades de construir a máquina que permitisse ao ser humano voar.

– Gostei muito dessa comparação – disse Marcelo.

– Vejam que a apreciação de Leonardo sobre os pássaros é científica. De fato, na Renascença, o ser humano vai ficando mais científico e começa a usar os princípios de matemática e geometria na composição de suas obras. A "Santa Ceia", de LEONARDO e a "Transfiguração", de RAFFAELLO, são ótimos exemplos do Realismo, do reaparecimento da apresentação de espaço e volume.

– Titio – disse Marcelo –, estou lendo que na Renascença, além de MICHELANGELO, aparecem também escultores famosos: Benvenuto CELLINI (1500-
-1571), Gian BOLOGNA (1529-1608), Pietro TORRIGIANO (1472-1522)...

– TORRIGIANO – interrompeu o tio – quebrou o nariz de MICHELANGELO com um soco, desfigurando-o para o resto da vida. Ele era muito briguento, aventureiro e acabou morrendo de fome numa prisão de Sevilha. Mas leia agora, Marcelo, os nomes de outros escultores e arquitetos.

Marcelo continuou:

– Donato di Angelo BRAMANTE (1444-1514), Iacopo SANSOVINO (1486-
-1570), Giorgio VASARI (1511-1574), Giacomo DELLA PORTA (1540-1602).

– Que lindo, este anjo com Nossa Senhora! – exclamou Daniela.

– É a célebre "Anunciação", do italiano Fra Giovanni da Fiesole (1387-
-1455). Ele ganhou esse nome por ter morado nessa cidade. Nasceu Guido di Pietro Trosini, mais conhecido por FRA ANGELICO, prior do Convento Domenicano de São Marco, em Florença. *Fra* quer dizer Frei. Ele era um especialista nas cores claras e douradas e suas obras denotam gosto decorativo e sentimento de composição e espaço. Mas lembrem-se: ele pertenceu à Pré-Renascença.

Fra Giovanni da Fiesole (FRA ANGELICO) (1387-1455). "Anunciação".
Museu de São Marco, Florença, (Itália).

Leonardo DA VINCI na mocidade.

Desenho de DA VINCI baseado numa teoria de Vitrúvio (88 a.C.-26 a.C.). Enquanto Aristóteles dizia que "O homem é a medida de todas as coisas", DA VINCI afirmava: "O homem é uma estrela presa ao corpo".

Barroco e Rococó
Do século XVI ao século XVIII

— *A*final, tio – perguntou Daniela, lendo no livro –, o que quer dizer Barroco e Rococó?

— Barroco é um estilo de Arte e arquitetura criado por BORROMINI, na Itália, no século XVI e se desenvolveu até meados do século XVIII. Vem do termo francês *baroque* que significa bizarro, esquisito, extravagante. Segundo alguns estudiosos, o termo barroco teria origem na palavra portuguesa e espanhola *barroco*, nome que se dá às pérolas irregulares. Comparem a "Vitória de Samotrácia" com as obras de MICHELANGELO e TINTORETO. Vejam o movimento, o jogo de luz e sombra, a emoção e a força dramática das figuras. O Barroco atingiu sua fase áurea em Roma, entre 1630 e 1680. Como o ser humano se afastava da igreja, os sacerdotes animaram os artistas a decorar seus templos com tetos representando céus cobertos de nuvens, santos e anjos em grande movimentação.

— Veja, Marcelo: a intenção dos artistas era impressionar, despertar emoções no espectador, envolvendo-o espiritualmente com a obra de Arte. Com o Barroco, igrejas e palácios perderam a sua tranquilidade e começaram a mover-se na paisagem como seres vivos. A Igreja de São Pedro, em Roma, é um bom exemplo da transformação da arquitetura da Renascença para o Barroco. Nela trabalharam diversos artistas: BRAMANTE (1444-1514) que a idealizou, seguido de RAFFAELLO, Giuliano Giamberti SANGALLO (1445-1516) e Gian Lorenzo BERNINI (1598-1680), que dotou Roma de sua fisionomia atual, barroca. A concepção da praça é de sua autoria e ali, na vasta superfície central, fez construir duas enormes colunas laterais cobertas por arcos onde se alojam 140 estátuas de santos. São 284 colunas e 88 pilares, circundando toda a praça e, segundo BERNINI, simbolizariam o abraço do Cristianismo na humanidade. O projeto da cúpula da Igreja de São Pedro é de autoria de MICHELANGELO, que também realizou as pinturas da

Capela Sistina, uma das grandes riquezas do Vaticano e uma das mais famosas obras de Arte universais. Lembram-se quando eu disse ser a Gruta Lascaux considerada a Capela Sistina da Pré-História? Vocês verão por que.

– Que beleza de capela, não é, tio? Quantas figuras MICHELANGELO pintou nela!

– Vejam, crianças: na abóbada ele pintou a "Criação de Adão", a "Criação de Eva", "O Pecado Original", a "Divisão das Trevas e da Luz". Nas laterais, as "Sibilas" e os "Profetas". Na parede do fundo da capela, o "Juízo Final" (1536-1541), anunciando a Arte barroca do futuro.

– Mas que coisa linda! – exclamou Daniela, aproximando-se da tela onde Marcelo projetava os slides da Capela Sistina. – As figuras parecem gente de verdade!

– Outro exemplo da Arte barroca é "O Êxtase de Santa Tereza", de BERNINI, também conhecida como Tereza D'Ávila. Reparem que o anjo acaba de flechar o coração da santa. Ao mesmo tempo em que ela sofre a dor do ferimento, sente

Gian Lorenzo BERNINI (1598-1680). "Êxtase de Santa Tereza". Igreja de Santa Maria da Vitória, Roma (Itália).

o êxtase do seu incondicional amor a Deus. A escultura ficou muitos anos escondida pela Igreja por achar que a santa mais se parecia com uma mulher, em atitude apaixonada.

– Minha filha, logo você estará admirando tudo isso de perto. Agora quero mostrar-lhes Petrus Paulus RUBENS (1577-1640), outro pintor barroco que também pintava mulheres gordas. Mas por favor, meninos, não me venham com aquela história de tia Lazinha, outra vez.

Marcelo e Daniela riram enquanto o tio prosseguia:

– Existem muitas belas obras do período Barroco: "O Enterro do Conde de Orgaz", de EL GRECO, que vocês já conhecem muito bem; "As Meninas", "Vênus e Cupido", de Diego Rodriguez da Silva y VELÁZQUEZ (1599-1660). No começo do nosso papo falamos nesse quadro, "As Meninas". Lembram-se do enorme cachorro que VELÁZQUEZ pintou aos pés das crianças? Essa obra já foi chamada "evangelho da pintura". "O Vendedor de Ratos", de REMBRANDT; "Êxtase de Santa Tereza", de BERNINI e outras de grande importância como as quatro Pietá – que vocês já conhecem muito bem – e o David, de MICHELANGELO, são outras obras importantes do Barroco.

– Tio – pediu Marcelo –, fale agora do Rococó.

– Acho esse nome tão engraçado – falou Daniela.

– O termo rococó – explicou o tio – originou-se do francês *rocaille* que quer dizer concha. É um estilo decorativo e aparece no fim do Barroco, no século XVIII. Destaca-se pelos tons rosados, pelos desenhos a pastel, tornando-se uma arte para a nobreza. O Rococó, na França, manifesta-se na arquitetura, na decoração com conchas, guirlandas, palmas, delfins, onde tudo é sinuoso e simétrico. As grutas artificiais, os banhos, as fontes são decoradas com bizarras ramificações de conchas artificiais e pedras originárias dos maravilhosos jardins italianos dos séculos XVII e XVIII. Uma das mais consideráveis manifestações do Rococó são os móveis Luiz XV. Observem estas cadeiras da sala de visitas, as cômodas, os canapés (sofás compridos), as *bergères* (poltronas bem trabalhadas e confortáveis) e esta *longe-chaise* (sofá longo, sem braços, para se reclinar), são de estilo Luiz XV e foram escolhidos por sua tia Marta, num antiquário, em Paris, há mais de 20 anos.

Tio Emílio mostrou às crianças, no livro, lindas carruagens:

– Vejam estas carruagens feitas pelos Irmãos MARTIN, também especialistas em minúsculos objetos como escrínios (porta-joias) e cofres preciosos.

— Que carruagens bonitas! – disse Daniela. – Parecem até aquelas das rainhas.

— Pois tudo isso era destinado a fazer triunfar o fausto e a beleza quando as formosas damas da corte iam passear pelos jardins de *Versailles* (Versalhes). A manufatura, isto é, os trabalhos Beauvais e Gobelins, feitos à mão, competem no mercado da tapeçaria. Nascem, assim, as grandes tapeçarias, "História de Dom Quixote", "Caça de Luiz XV" e tantas outras, em tonalidades claras e delicadas, executadas em lã, cuja graduação de cores se multiplicavam ao infinito. Mas o apogeu das manufaturas não se deve a esta célebre série, que não eram fáceis de comerciar, mas à produção de tapeçarias perfeitamente harmonizadas com os móveis.

Marcelo e Daniela puseram-se a admirar os escrínios, bibelôs e minúsculas caixinhas que tia Marta trouxe para a sala, exibindo-os orgulhosamente e advertindo os sobrinhos:

— Crianças, tomem cuidado, pois tudo isso vale uma verdadeira fortuna!

— Vejam – mostrou o tio – este pequeno bibelô é de Sèvres, e este outro é de Vincennes, cidades francesas que deram ao mundo um tesouro inestimável em Arte Rococó. Em joias, apareceram riquezas fabulosas que faziam refulgir as vestes dos reis e damas da corte. O ferro, o bronze, a prata, o estuque exprimiam o capricho do Rococó. As escadarias suntuosas dos palácios, castelos, a arquitetura, enfim, mostravam uma expansão de linhas sinuosas, uma ilusão de profundidade e inesperadas perspectivas.

— Tio, eu gostei muito do Rococó. Acho que era um estilo muito bonito.

— É porque você, Daniela, gosta de coisas empetecadas – disse Marcelo.

Daniela ia começar uma briga, mas o tio interrompeu-a.

— Ora, crianças, não vamos começar uma discussão só por causa do Rococó. E fiquem sabendo que a Itália, depois da França, foi o país que melhor interpretou o Rococó nas artes decorativas. Piemonte (Itália), por razões históricas e políticas e localização geográfica, foi a primeira região italiana a receber grande influência desse estilo e são famosos seus móveis cinzelados e dourados, feitos pela família Caffieri.

— A pintura também era Rococó?

— Sim, Marcelo, e três famosos pintores italianos destacam-se nesse estilo: Antonio CANAL (1697-1768), nascido em Veneza, conhecido como CANALETTO. Ele foi aluno do seu pai, Bernardo, decorador de teatro. Pintou vistas de Veneza como a "Chiesa della Salute" (Igreja da Saúde) e "Piazza San Marco" (Praça São Marcos). Suas obras retratando a Inglaterra estão no Castelo de Windsor. Francesco GUARDI (1712-1793), também veneziano, dedicou-se a representações das vistas de Veneza: "Piazza San Marco", "Ponte Rialto" e festas venezianas. Parece-se com CANALETTO, mas não enfatiza os detalhes e emerge suas obras numa luz que o torna o precursor dos impressionistas; Bernardo BELOTTO (1720--1780), também chamado CANALETTO, o Jovem, pintor e gravador, era sobrinho de Antonio CANALETTO com quem aprendeu a pintar. Trabalhou na Inglaterra, Alemanha e Polônia onde exerceu grande influência. Suas paisagens mais belas são de Viena, Dresden e Turim.

– Tio, mostre algum quadro desses artistas – pediu Daniela.

– Aqui está um CANALETTO que vale uma fortuna! "Piazza San Marco".

– Que vontade de estar nessa praça! – exclamou Daniela.

– Logo você estará lá, menina, mas vamos continuar com o Rococó: essa Arte se distanciava muito do povo que começava a sofrer e a se revoltar, enquanto os nobres se divertiam. Em 1789, é deflagrada a Revolução Francesa, de que é símbolo a queda da Bastilha. Um artista revolucionário chamado Jacques LOUIS DAVID (1748-1825), que havia estudado as ruínas das cidades de Herculano e Pompeia, cria uma nova Arte inspirada nas histórias da República Romana e nas formas dos trajes gregos. Nasce, então, o período Neoclássico. Antes, dele, porém, falaremos do Academismo.

ACADEMISMO

Do século XVII ao século XIX

— Tio – lembrou Daniela –, você disse que ia falar hoje sobre o Academismo.

— Pois vamos lá. A palavra Academismo deriva de Academia, nome de um parque ou jardim, situado próximo à Atenas. Ali, Platão fundou uma escola de estudos filosóficos, em 387 a.C. Academismo era também a Arte ensinada nas academias fundadas na Europa a partir do século XVII, cujas tendências, durante muitos séculos se prenderam a padrões conservadores. Saibam que é no início do Barroco que vão se delineando as regras na pintura que passam a se chamar Academismo.

— Lembrem-se, crianças – disse o tio – que artistas como DA VINCI, RAFFAELLO, TICIANO e outros, inspiravam-se nas obras da Antiguidade da Grécia e de Roma. Depois do renascentista TICIANO, nascido em Veneza, a pintura foi decaindo. Surge então o Maneirismo, movimento artístico que correspondia aos costumes de vida e cultura de certa classe social.

— O que vai marcar bem para as crianças, Emílio, é mostrar-lhes que o Maneirismo era um conjunto de tendências extravagantes, como o alongamento das formas que se manifestavam na escultura e na pintura dos séculos XV e XVI. Além de alongar as figuras, até a deformação, eles criavam iluminações artificiosas.

— Certo Marta. São representantes: Antonio Allegri, também chamado O CORREGIO (1489-1534), Giacomo Carruci dal PONTORNO (1494-1550), Francesco Mazzola PARMIGIANINO (1503-1540), Andréa DEL SARTO (1486-1531), Angelo BRONZINO (1502-1572), na Itália; Domenikos Theokopoulos EL GRECO (1540--1614), na Espanha.

— Paris, Anet e Fontenaibleau – interrompeu tia Marta – foram sedes francesas desse movimento. Os italianos Benvenuto CELLINI (1500-1571) e

GIANBOLOGNA ou Gian da BOLOGNA (1524-1608) pegaram o bonde andando, – como se diz – chegaram atrasados, mas mesmo assim, ocuparam lugar importante na elaboração do Maneirismo. Os maneiristas tinham um estilo visionário e emocional que acentuava o gosto clássico como aparece nos castelos do Loire e Fontenaibleau.

– Olhem aqui, no livro, um exemplo do Maneirismo. Vejam como PARMIGIANINO deforma a Madona.

– EL GRECO também não pintava assim?

– Bem lembrado, Marcelo. Vê-se que você aproveitou a aula sobre EL GRECO. O Maneirismo inclui-se na Arte renascentista e barroca. Nada está bem definido. Michelangelo, artista renascentista, em suas últimas obras é um autêntico representante do Maneirismo.

– Não se esqueçam também de que no Maneirismo estão sempre presentes as mensagens de DA VINCI, MICHELANGELO e RAFFAELLO.

PARMIGIANINO (1503-1540)
"Madona do Pescoço Longo",
Galeria Degli Uffizi, Florença
(Itália).

Annibale CARRACCI (1560--1609). "Assunção". Museu do Prado, Madri (Espanha).

Depois surgiram os pintores CARRACCI: Ludovico (1555-1619), Agostino (1557-1602) e ANNIBALE (1560-1609). Eram parentes e fundaram, em Bolonha, uma academia que se tornou famosa, chamada Academia dos Encaminhados. Ali se ensinava a pintura acadêmica. Segundo os CARRACCI, os artistas deviam inspirar-se na mitologia grega, nas histórias sagradas antigas, retratando o ser humano, a vida e a natureza. Deviam, também, conhecer muito bem anatomia, porque, segundo afirmavam, a essência da beleza está no corpo humano.

– Eu gosto da pintura deles. Acho que pintavam com muita perfeição.

– Você tem razão, Marcelo. Eles procuravam imitar RAFFAELLO na composição, TICIANO no colorido e Leonardo DA VINCI no claro-escuro. Já vimos as obras desses mestres da Renascença. Primeiro, copiavam as estátuas gregas e romanas. Só depois é que passaram a desenhar a figura humana, o modelo profissional de ateliê. Entretanto, esse ensino da pintura não perdurou, evoluindo na segunda metade do século XIX, quando começam a aparecer os neoclássicos que, na verdade, fazem uma adaptação dos ensinamentos dos CARRACCI.

– Não nos esqueçamos do Iluminismo, Marta.

Ludovico CARRACCI (1555-1619). "São Francisco de Assis". Museu do Prado, Madri (Espanha).

— Certo, Emílio. O Iluminismo surgiu na França do século XVII. Foi uma revolução intelectual liderada por filósofos e defendia o domínio da razão sobre as ideias superadas do Absolutismo, isto é, da teoria que dizia ser Deus o centro de todas as coisas. Diziam seus criadores que as crenças religiosas bloqueavam a evolução do ser humano. O Iluminismo pretendia iluminar as trevas em que se encontrava a humanidade e apelidaram-no de "O Século das Luzes". Foi fundamental para a Revolução Francesa de 1789.

— O Iluminismo — continuou tio Emílio — dava poder total aos reis para que interferissem no comécio e nas questões econômicas. Acreditava que o ser humano devia ser o centro de tudo e encontrar as soluções que eram somente justificadas pela fé. Era um movimento, ou doutrina, com base na ideia de uma iluminação interior ou fonte de conhecimento, seja sob a forma de intuição intelectual, seja por inspiração direta de Deus. Acreditam alguns que o Iluminismo foi a fase mais bela de toda a História da Arte. Surgem escritores, artistas e filósofos famosos.

— É verdade, Emílio. No século XVII, os místicos e os visionários foram os primeiros a adotar o Iluminismo. Na Baviera, no fim do século XVIII, essa doutrina foi professada por uma sociedade secreta, parecida com a maçonaria.

– Surgem escritores, artistas e filósofos famosos. O inglês Isaac NEWTON (1642-1727), matemático, astrônomo e físico, desde menino vivia inventando máquinas. Fez até um relógio de água para o seu quarto.

– Certo dia – continuou tia Marta – ele estava sentado no jardim de sua casa quando viu uma maçã cair da árvore. Algumas versões afirmam que a maçã caiu em sua cabeça. Procurou saber o porquê de a fruta ser atraída para a terra. Foi daí que formulou a Lei da Gravitação Universal.

– Não se esqueça, Marta, de que GALILEU e KEPLER já tinham tratado do assunto.

– Sim, Emílio. Por falar em GALILEU, saibam que ele era físico, matemático, astrônomo e filósofo, um dos gênios da revolução científica do século XVII. Por afirmar que a Terra é que se movia ao redor do Sol, foi preso e obrigado a uma retratação humilhante, por ordem da Inquisição ou Santo Ofício, que era um tribunal eclesiástico instituído para investigar e punir os crimes contra a fé católica.

– Mas por que a Inquisição fez isso?

– Bem, Marcelo, acontece que a Igreja era contra o heliocentrismo, porque, na Bíblia, no Salmo 104, versículo 5, do Antigo Testamento, estaria escrito: "Deus colocou a Terra em suas fundações para que nunca se mova".

– Marta, eu já procurei, mas não encontrei esse salmo na Bíblia.

– Com todas as alterações feitas pela Igreja, talvez tenha sido eliminado da Bíblia. Vou contar uma historinha sobre GALILEU...

– Marta, já pensou que, com as suas histórias, estamos nos distanciando da Arte?

– Esta é curtinha e vai servir para as crianças na escola. Quem estuda Arte, precisa ter conhecimentos gerais. No tribunal, GALILEU foi obrigado a dizer que era mentira o fato de que a Terra se movia ao redor do Sol. Mas diz a lenda que ao sair do tribunal, após ter sido condenado, teria pronunciado bem baixinho, em italiano, esta frase célebre: *Eppur se muove* (Contudo se move).

– Bem feito para a Inquisição! – exclamou Marcelo.

– Mas de nada adiantou. Os livros de GALILEU foram para o Index e ele foi excomungado.

– O que é Index? E excomungado?

– Index, Marcelo, é o catálogo em que eram registrados os livros cuja leitura era proibida pela Igreja. Ser excomungado é ser excluído do gozo de todos os bens espirituais.

– Chega de GALILEU, Marta, vamos continuar: outras figuras ilustres – continuou o tio – que aderiram ao Iluminismo: John LOCKE (1632-1704), François-Marie Arouet VOLTAIRE (1694-1770), Charles de Secondat MONTESQUIEU (1689-1755), Jean Jacques ROUSSEAU (1712-1778), Denis DIDEROT (1713-1784) assumiu a tarefa de editar a Enciclopédia, Jean Le Rond d'ALAMBERT (1717-1783) foi abandonado nos degraus da capela Saint Jean-le-Rond e criado pela mulher de um vidraceiro. Com Diderot, foi a alma da Enciclopédia. O apogeu do Iluminismo foi o século XVIII. Os iluministas, principalmente os filósofos e os economistas, julgavam-se os propagadores da luz.

– Tio – perguntou Marcelo –, por que apareciam tantas escolas assim?

– Em razão da evolução, a sociedade transforma-se, e a Arte também acompanha essa evolução.

Neoclassicismo

Meados do século XVIII

m meados do século XVIII – continuou tio Emílio –, com as transformações causadas pela Revolução Francesa, aparece na Europa o Neoclassicismo que tem muitos pontos em comum com o Academismo, isto é, o estilo das academias, como já expliquei. Esse estilo havia sido difundido pelo historiador alemão Joaquim Winckelmann (1717-1768) e Antonio Rafael Mengs (1728-1779). Apaixonados pela Antiguidade grega, pregavam a teoria de que existe um belo ideal, absoluto e eterno. Quem mais se aproximou desse belo – diziam – foram os gregos, especialmente os escultores. Afirmavam, também, que se um artista desejasse atingir tal ideal de beleza deveria inspirar-se nas obras deixadas pelo classicismo greco-romano. A beleza – afirmavam – é um dom da Grécia à humanidade.

– Penso que estavam certos, porque os gregos faziam coisas muito belas.

– Ninguém lhes tira esse mérito, Marcelo. Mas acontece que os tempos mudam, repito, e a Arte acompanha essa mudança. Os neoclássicos passaram, então, a inspirar-se nas obras da Antiguidade clássica e da Renascença italiana, elegendo RAFFAELLO como o seu modelo perfeito.

– Ora, tio – observou Marcelo –, mas eles faziam o mesmo que os acadêmicos, então?

– Mas eu já não falei que os acadêmicos e neoclássicos tinham muitos pontos em comum? Na pintura neoclássica, a linha ou o desenho predomina sobre a cor, quer dizer, então, que as faculdades intelectuais se sobrepõem às emocionais. A arquitetura e a pintura também se inspiram, diretamente, nos modelos da Antiguidade greco-romana, copiando-lhe as formas. O italiano Antonio CANOVA (1757-1822) e o dinamarquês Bertel THORVALDSEN (1770-1884) são escultores neoclássicos. Mas os dois maiores representantes do Neoclassicismo na Europa são Jacques LOUIS DAVID (1748-1825) e Jean Auguste Dominique INGRES

(1780-1867). Lembram-se de INGRES? É aquele que pintou "Édipo Explica o Enigma da Esfinge". Falamos dele quando tratamos da Arte egípcia.

Marcelo foi procurando no livro as obras de LOUIS DAVID, enquanto o tio falava:

– LOUIS DAVID havia estudado as ruínas das cidades de Herculano e Pompeia, como já lhes disse, e criou, então, uma Arte inspirada na história da República Romana e nos trajes gregos. Ele odiava as tradições da Academia. Rude e oportunista, ele as combateu. Dedicando-se a Napoleão Bonaparte, chegou a tornar-se pintor oficial do Primeiro Império. A sua pintura escapa à decadência geral e ele passa a ser o grande mestre da nova pintura que é ensinada nas escolas de Arte. Tinha uma paixão romântica por assuntos nacionais. Apreciem o seu belo quadro, "A Morte de Marat". Marat foi uma grande figura da Revolução Francesa. Esta obra representa o momento em que Jean Paul Marat estava na banheira e uma fanática mulher, chamada Charlotte Corday, entrou em sua casa e o assassinou, no dia 13 de julho de 1793.

– Que coragem ela teve, não, tio?

– É verdade, Daniela. Mas ela foi condenada à morte e teve a cabeça cortada na guilhotina. Lembrem-se de que o Classicismo dominou a Europa por 30 anos e foi trazido ao Brasil pela Missão Francesa, em 1816, por ordem de D. João VI. A Missão veio instituir no país o ensino oficial de artes e ofícios. Vieram, então, para cá, vários artistas e artífices, entre os quais o pintor e desenhista Jean Baptiste DEBRET (1768-1848), que documentou nossos costumes e belezas naturais por meio de desenhos que foram publicados na França, em três volumes, de 1834 a 1839, com o nome de *Viagem Pitoresca e Histórica ao Brasil*. O desenhista e pintor alemão Johann Moritz RUGENDAS (1802-1858) também veio ao Brasil, em 1821, em missão científica e retratou nossas paisagens e costumes em um álbum chamado *Viagem Pitoresca Através do Brasil*, também publicado em Paris, em 1835.

– Não vamos nos esquecer Marta, de FRANS POST (1612-1680), trazido ao Brasil, pelo conde Maurício de Nassau. Foi um dos primeiros grandes artistas a pintar paisagens brasileiras, principalmente as de Pernambuco. Muitas de suas obras estão no Museu Nacional de Belas Artes, do Rio de Janeiro, onde há uma sala dedicada a ele. Está representado em vários museus do mundo. Suas obras estiveram na Bienal de São Paulo, de 1953.

Johann Moritz RUGENDAS. "Castigo de Escravo".

– Admiro muito, Emílio, a família francesa TAUNAY. Que família talentosa de pintores, desenhistas, botânicos e escritores! O primeiro a vir para o Brasil foi NICOLE ANTOINE TAUNAY (1755-1830). Trouxe esposa e cinco filhos: FELIX EMILE (1795-1881), professor de Dom Pedro II, THOMAS MARIE HIPPOLYTE (1793--1864), THEODORE MARIE AUGUSTE (1797-1880), AUGUSTE MARIE CHARLES (1791--1830) e ADRIEN AIMÉ (1803-1828). Muitos deles participaram da Missão Francesa e representaram o Brasil em pinturas, desenhos, descrições e trabalhos literários magníficos!

– É verdade, Marta. Mas não quero me esquecer de outro pintor fabuloso, o holandês Albert ECKHOUT (1612-1665). Ele veio para o Brasil também com o conde Maurício de Nassau e permaneceu em Pernambuco entre 1634 e 1644. Pintou quadros maravilhosos, entre eles "A Dança dos Tapuias". Por meio dos seus trabalhos podemos conhecer como nossos índios e negros se vestiam, suas danças e seus costumes.

– Além dos que citamos, Marta, temos de render homenagens a dezenas de outros artistas que vieram para o Brasil conhecer nossa fauna (animais) e flora (plantas), descrever nossas belezas naturais (rios, cachoeiras, montanhas e florestas), nosso estilo de vida, em pinturas, desenhos, livros de história, de literatura e botânica.

– Devemos a eles o conhecimento de parte da nossa própria história. Foi a época chamada "O Brasil dos Viajantes" em que se destacou a Expedição Langsdorff. Georg Heinrich LANGSDORFF (1773-1852), naturalista alemão, em sua viagem ao redor do mundo, acabou aportando em Santa Catarina, no Brasil e colheu um grande número de espécimens botânicos. Em 1813 retornou ao Brasil como cônsul da Rússia e chefiou uma expedição científica na qual tomou parte o desenhista Moritz RUGENDAS, do qual já falamos. Mas isso é uma outra história que fica para uma outra vez.

– Sabe, tio, o papai mandou emoldurar alguns desenhos do álbum de DEBRET que ganhei no meu aniversário e agora estão na parede do meu quarto.

– Muito bem, Marcelo, assim você poderá conhecer bem a obra de DEBRET. Mas vamos terminar o papo sobre o Neoclassicismo. Saibam que LOUIS DAVID foi exilado e acabou seus dias em Bruxelas. Mas a pintura francesa do século XIX seguiu sua escola. Depois dele, surgirá um desenho menos detalhado e a cor traduzindo o sentimento. A Arte vai fugindo dos temas medievais e costumes exóticos e volta à vida do dia a dia, gritando os anseios políticos e sociais do povo. É quando aparecem artistas de sentimentos nacionalistas e os amantes da natureza. Surgem, então, numerosos paisagistas.

Albert ECKHOUT (1612-1665), "Mameluca". Museu Nacional da Dinamarca.

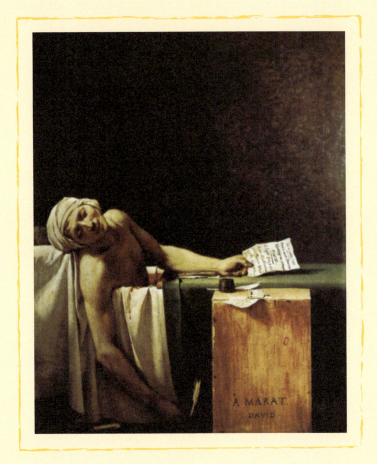

Jacques Louis David (1748-1825). "A Morte de Marat".
Museu Real de Belas Artes, Bruxelas (Bélgica).

ROMANTISMO

FINAL DE 1700-1800 DO SÉCULO XVIII AO SÉCULO XIX

io Emílio tirou das estantes vários livros sobre pintura moderna e colocou-os sobre a mesa.

– Vamos hoje começar com o Romantismo – disse. – Marcelo, procure as obras de GROS, COROT, GERICAULT e DELACROIX. E você, Daniela, pare de brincar com a "Vitória de Samotrácia" e preste atenção.

– Esses pintores eram muito românticos?

– Não, Daniela. Essa é a impressão que todos têm quando se fala em Romantismo. Entretanto, este foi um grande movimento que apareceu em oposição ao Neoclassicismo, atingindo também a literatura e a música. Os românticos davam à cor maior expressão do que ao desenho. Pregavam a liberdade de expressão e eram guiados pelo sentimento e não pela razão. Imaginativos, sabiam usar o colorido com emoção. Entre eles surgem grandes paisagistas como Camille COROT (1796-1875). Mas Théodore GERICAULT (1791-1824) e Ferdinand Victor Eugéne DELACROIX (1798-1863) são os pintores mais expressivos do Romantismo. Já falamos de todos os três.

– Quais são as obras românticas mais importantes? – quis saber Marcelo.

– Bem, as mais importantes são as desses artistas que acabamos de citar. Entretanto, existe um fato muito curioso. Jean Antoine GROS (1771-1835), prestem atenção neste nome, porque vai aparecer um outro GROSZ que era expressionista alemão. Muito bem, o Barão de Gros era um neoclássico, mas produziu muitas obras-primas que deram impulso ao Romantismo. Por isso é que, muitas vezes, ele é citado como artista do Romantismo. Pode-se dizer que ele representa a transição do Classicismo de LOUIS DAVID para certas tendências do Romantismo. Entre suas obras destacam-se "Os Pestilentos de Jafa" (1806), que está no Louvre, e "Combate de Nazaré", no Museu de Nantes. Pintou também outros retratos de Napoleão, a convite da Imperatriz Josefina. Um quadro também importante chama-se "Napoleão Atravessando a Ponte de Arcole" (1804) e se encontra no Palácio de Versalhes. Certo dia, GROS cometeu suicídio, atirando-se às águas do Sena.

– Credo! Por que ele fez isso? – perguntou Daniela.

– Dizem que ele discordou de seu mestre Louis David, com quem estudava desde os 14 anos. Cansado do Neoclassicismo, começou a movimentar suas figuras, a usar cores mais expressivas, abandonando as formas gregas. Tal atitude ia contra os princípios do mestre que era muito autoritário e intolerante, e para não contrariá-lo preferiu dar a morte a si próprio.

– Que coisa horrível! – lamentou Marcelo.

– É verdade. Os artistas são pessoas muito sensíveis e, às vezes, estranhas. Quando movidos pela paixão são capazes até de cometer loucuras em nome da Arte, como aconteceu com Gros.

– Titio, olhe o quadro dele, "Os Pestilentos de Jafa".

– Algumas pessoas o chamam "Napoleão no Hospital de Jafa". É mesmo um quadro muito bonito, observem. Mas depois dele aparece Gericault com a famosa "Jangada da Medusa" (1820). É uma obra dramática inspirada no naufrágio da fragata francesa *Meduse* em julho de 1816, mede 8,3 metros de largura, por 6,5 metros de altura, quando morreram muitas pessoas. Vocês poderão apreciar esta magnífica obra no Louvre. Representa uma jangada repleta de moribundos, debatendo-se, desesperadamente, e olhando o horizonte, ao longe, à espera de salvação.

– Acho esse quadro muito impressionante!

Theodore Gericault (1791-1824).
"Jangada da Medusa", Museu de
Sorbonne, Paris (França).

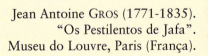

Jean Antoine Gros (1771-1835).
"Os Pestilentos de Jafa".
Museu do Louvre, Paris (França).

— Realmente, Marcelo, é uma obra que impressiona. GERICAULT era um artista preocupado com a luz e a cor. Seu esporte favorito era a equitação. Seus trabalhos revelam amor pelos cavalos e cavaleiros, o que o levou a pintar outros famosos quadros como "Os Cavaleiros da Guarda Imperial", "O Derby de Epson", "A Corrida dos Barbieri", que também estão no Louvre. Ele não se preocupava com a representação fiel do cavalo, mas com a representação do seu movimento selvagem e vigoroso. Ele morreu aos 33 anos, e vejam que coisa estranha, vitimado por uma queda de cavalo.

— Coitados do GROS e GERICAULT! — lamentou Daniela.

— Outro grande romântico foi Ferdinand Eugéne DELACROIX. Filho de um ministro das relações exteriores, começou a pintar aos sete anos. Viveu sempre em círculos aristocráticos da França. Foi com Soulier que aprendeu a técnica de suas lindas aquarelas. Grande amigo de GERICAULT, expôs em 1822, no Salão de Paris, seu quadro "Dante e Virgílio no Inferno", e em 1824 "Os Massacres de Scio". Entretanto, sua obra mais famosa e conhecida é "A Liberdade Guiando o Povo", onde retrata a si mesmo entre os combatentes. Vejam, o rapaz empunhando o fuzil é DELACROIX, ao lado do moleque de rua, do burguês, do soldado, do operário, do estudante, formando uma tropa entre barricadas, disposta a qualquer sacrifício pela liberdade. O quadro representa a revolta dos parisienses, em 1830, e está no Louvre. DELACROIX foi um pintor revolucionário e, entre os românticos, o que mais fez palpitar o sentimento poético e dramático de suas personagens e da tragédia humana.

Ferdinand Eugéne DELACROIX (1798-1863) "A Liberdade Guiando o Povo". Museu do Louvre, Paris (França).

Realismo

Segunda metade de 1800 – século XIX

Surgem, a seguir – prosseguiu tio Emílio –, os pintores realistas. Eles pintavam camponeses, gente do campo, reproduziam lugares belíssimos sem sair do ateliê. Outros pintavam natureza morta. Todos, entretanto, eram fiéis à forma e retratavam a realidade. Entenderam?

– Eu entendi – respondeu Marcelo.

– Eu ainda não entendi muito bem – disse Daniela.

– Quando um artista pintava uma onça, ele não precisava fazer todos os detalhes dela, isto é, pintar as pestanas, os bigodes. Bastava transmitir o modo elástico do seu andar, o seu ar feroz.

– Agora eu entendi.

– É isso, Daniela. Se um pintor realista ia fazer o retrato de um homem que tivesse o nariz torto, ele não corrigia o defeito e pintava o retrato do modelo com o nariz torto mesmo.

– As mulheres vaidosas é que não iam gostar dos pintores realistas.

– Isso é verdade, Marcelo. Gustave COURBET (1819-1877), um dos grandes nomes do Realismo, dizia que jamais pintaria um anjo ou um romano, porque nunca os vira.

– Ora, mas eles não podiam pintar uma coisa de imaginação?

– Não, Marcelo, porque só pintavam coisas reais. Na teoria deles, o belo pode ser encontrado na natureza sob as diversas formas, sempre dentro da realidade. Eles abandonaram os temas históricos e fixaram cenas populares do dia a dia, cheios de ideias políticas da época. Viviam apregoando que ser realista não é ser exato, mas verdadeiro. Certa vez, em Paris, quando o júri da Exposição Universal recusou as obras de COURBET, ele armou barracas na Avenida Montaigne e ali fez a sua exposição. Em 1871, acusado de tentar danificar a coluna Vendôme, na praça Vendôme, em Paris, foi condenado a seis meses de prisão. Entre suas obras mais célebres figuram: "La Remise des Chevreuils en Hiver" (O Refúgio dos Cabritos Selvagens no Inverno), Louvre; "Les Demoiselles de la Seine" (As Senhoritas do Sena), Petit Palais; "L'Atelier du Peintre" (Atelier do Pintor), Louvre. Como perceberam, enquanto os neoclássicos preocupavam-se com o desenho, e os românticos, com a cor, os realistas procuravam o equilíbrio entre a cor e o desenho, a inteligência e a emoção.

— Tio — perguntou Daniela —, aquele artista que fazia noivas e vaquinhas voando é realista?

— Quem pintava isso era Marc CHAGALL (1887-1985). Os próprios realistas custaram a perceber que havia um abismo entre a pintura deles e a de CHAGALL. Embora ele tenha sido um dos pioneiros do Realismo, era mais um romântico que pintava suas lembranças, inspirado no onirismo, isto é, no sonho acordado. Seu tio tocava violino, à noite, sentado no telhado e assim ele o pintou. Sua mãe era uma camponesa que ordenhava vacas. Então, ele pintou uma vaca tocando violino como no quadro "Solidão", que está no Museu de Tel-Aviv, em Israel. CHAGALL pintou suas lembranças misturadas com aldeias, animais, pessoas e saudade.

— Eu gosto muito dos quadros dele.

— São muito bonitos, Marcelo. CHAGALL nasceu em Vitebsk, na Rússia, mas como viveu também nos Estados Unidos e na França ele coloca em seus quadros a Torre Eiffel misturada aos motivos americanos e às suas lembranças. Pinta tudo isso relacionado às sinagogas, por ser judeu. Ele se parece com um surrealista, mas é apenas um romântico que pinta flores, namorados, noivos, expressões de amor e a natureza, todo o seu universo tranquilo de coloridos e transparências.

— Tio, olhe uma gravura dele.

— Como veem, ele se expressou também em preto e branco, nas litografias. Ilustrou fábulas de La Fontaine, em gravuras, de 1927 a 1930. Produziu os vitrais de Jerusalém, considerados a maior obra de Arte sacra do nosso século.

— La Fontaine é aquele das fábulas que a tia Marta contava?

— Isso mesmo, Daniela. As gravuras de CHAGALL são tão expressivas que Bachelard escreveu: "É só olhar bem uma de suas gravuras e ela começará a falar sozinha". CHAGALL gostava muito de pintar, também, profetas e artistas de circo. E, sobre eles, dizia: "Sempre considerei os palhaços, acrobatas e atores como seres tragicamente humanos, que se assemelham aos meus personagens de certas pinturas religiosas". Em outras ocasiões disse: "A cena deve ser tão penetrante como quando se anda sobre a grama". Françoise Vathey escreveu sobre o artista: "Em sua maneira de trabalhar, CHAGALL faz amor com a cor, carícias ternas e ardentes nas quais a tela vibra com o deslumbramento dos roxos e amarelos em que se revela a sua mensagem".

– Tudo isso parece uma poesia!
– Arte também pode ser poesia, Marcelo.

Marc CHAGALL (1887-1985). "Noivos na Torre Eiffel". Coleção Particular.

IMPRESSIONISMO

1874

O Impressionismo, crianças, tem uma história muito interessante que vocês gostarão de conhecer: até o ano de 1863, só existia em Paris o Salão Oficial que se abria aos pintores a cada dois ou três anos. Como havia muitos artistas não aceitos nesse Salão, Napoleão III, sobrinho de Napoleão Bonaparte, criou ao lado do Salão Oficial o Salão dos Recusados, a fim de que esses artistas pudessem expor os seus trabalhos.

– Puxa, tio – falou Marcelo –, eu acho que o imperador fez uma coisa muito boa.

– De fato, mas vou contar como tudo aconteceu. Nem o próprio Imperador sabia que estava abrindo o caminho para o Impressionismo. Acontece que o Salão Oficial estava repleto de obras medíocres. Mas uma chamou a atenção de todo o mundo: um quadro de Édouard MANET (1832-1883) chamado "Le Déjeuner sur l'Herbe" ("Almoço na Relva", também chamado "Almoço no Campo"). Em pouco tempo o nome de MANET corria por toda Paris e províncias onde falavam dele como um artista escandaloso.

– Por quê?

– Olhe, Daniela, ele pintou uma moça nua sentada na relva, em companhia de dois homens de trajes pretos. Ele começava a adotar o nu e as cores claras, brilhantes.

– Ora, que tem isso de escandaloso?

– Não se esqueça, Marcelo, de que o nu havia sido usado pelos gregos para retratar somente divindades, figuras da Mitologia. O nu de MANET despertou o protesto do público escandalizado. Entretanto, dizem os críticos, o verdadeiro fator do escândalo não teria sido o nu e sim a técnica empregada pelos impressionistas que usavam cores claras, luminosas, radiantes e esplendorosas.

Agora, crianças, prestem muita atenção: MANET apenas abriu caminho para o Impressionismo, mas ele não era impressionista.

– MANET e MONET são nomes muito parecidos, a gente vai acabar fazendo confusão.

– Não, Daniela, porque pelas obras vocês se lembrarão, facilmente, dos autores. Observando as obras de MANET vocês compreenderão suas concepções de claro e escuro. Por exemplo: quando ele pintava um nu e queria fazer contraste com a mancha clara, ele pintava, ao lado, um homem de jaqueta negra, um gato preto, uma negra, como vocês poderão apreciar noutro quadro famoso, "Olimpia", motivo também de escândalo. Dizem que a negra que ele pintou ao lado do modelo era brasileira.

Daniela e Marcelo ficaram olhando, atentamente, para as duas obras de MANET.

– O Impressionismo ficou só na França? – quis saber Marcelo.

– Não. Espalhou-se por vários países. Entretanto, vocês precisam saber que, na Inglaterra, muito antes de nascer o Impressionismo, dois artistas já pintavam paisagens verdes: Joseph Mallord William TURNER (1775-1851) e John CONSTABLE (1776-1837). TURNER começou sua carreira pintando aquarelas e

Édouard MANET (1832-1883). "Le Déjeuner sur l'Herbe" (Almoço na Relva).
Museu d'Orsay. Paris (França).

estudando muito a natureza, tornando-se um mestre na diluição de cores. Uma de suas obras mais importantes, "Castelo de Nohan", está na Tate Gallery, em Londres. Vale a pena apreciar, também, "Sun Rising through Vapour" (Amanhecer Através da Bruma) e "Rain, Steam and Speed" (Chuva, Vapor e Velocidade).

– Que bonito este trem, parece que está correndo de verdade – exclamou Daniela.

– Eu prefiro o Amanhecer – disse Marcelo.

– Como já vimos, Marcelo, é uma questão de gosto. Outro pintor inglês que também pintava ao ar livre, retratando os efeitos da luz do sol nas cores da natureza, era John CONSTABLE. Tornou-se conhecido pelo seu quadro "O Carro de Feno", em que soube transmitir o aspecto verde, úmido e o céu cinzento dos campos ingleses. Certo dia, colocou o violino sobre a grama e disse aos que se escandalizaram com o seu verde: "O violino é sépia, mas a grama é verde".

– Mas afinal, tio, como foi a exposição no Salão dos Recusados?

– Era dia 15 de abril de 1874. Um grupo de jovens recusados no Salão Oficial, Claude MONET (1840-1926), Auguste RENOIR (1841-1919), Camille PISSARRO (1830-1903), Edgar DEGAS (1834-1917), Berthe MORISOT (1841--1895), Alfred SISLEY (1839-1899) e Paul CÉZANNE (1839-1906), organizou uma exposição na casa do fotógrafo Félix Nadar, que também se dedicava à pintura. Era um tipo extravagante. Certa vez construiu um balão e subiu nele com sua esposa. Os dois quase morreram. Mas, como eu ia dizendo, a exposição, na casa de Nadar, não foi muito bem-aceita pelo público, intelectuais e artistas. Os expositores foram acusados de ignorar a beleza e as regras tradicionais da pintura. O maior inimigo do grupo era o jornalista Louis Leroy. Vendo um quadro de MONET intitulado "Impression ou Soleil Levant", que podemos traduzir por Impressões ao Nascer do Sol, apegou-se ao título, chamando o pintor e seu grupo de "selvagens que não queriam terminar seus quadros e só sabiam fazer borrões para representar suas impressões". Chamou-os de farsantes! Impressionistas!

– Acho que o nome pegou, hein, titio?

– Pegou mesmo, Marcelo. Dois anos mais tarde o grupo realizou outra exposição coletiva e escreveu num cartaz à porta de entrada: "Exposição de Pintores Impressionistas". A mostra causou tanta reação que o crítico Albert Wolff escreveu no jornal *Le Figaro*: "A rua Péletier não tem sorte. Depois do incêndio da Ópera, eis um novo desastre que se abate sobre o bairro: acabam de abrir na Durand-Ruel uma exposição que dizem ser de pintura. O transeunte desprevenido entra, e aos seus olhos espantados oferece-se um espetáculo cruel: cinco ou seis malucos, dentre os quais uma mulher (essa mulher era Berthe MORISOT), um grupo de infelizes atingidos pela ambição reuniram-se para expor suas obras".

– E os impressionistas não fizeram nada?

– Eles pouco se importaram, Marcelo, e continuaram a expor por mais oito vezes, até 1886, quando lhes chegou a consagração. O governo francês abriu um museu chamado "Jeu De Paume", ou "Museu dos Impressionistas". E o mundo inteiro reconheceu a importância da Arte impressionista na história da pintura moderna.

– Tio – pediu Daniela –, mostre as pinturas mais bonitas do Impressionismo.

– Já falamos de "Le Déjeuner sur l'Herbe", de MANET e "Impression ou Soleil Levant", de MONET. Mas existem muitas obras famosas do Impressionismo, dentre as quais: "Catedral de Rouen", que MONET pintou em várias horas do dia para provar que a cor se altera com a luz do sol, isto é, as cores do amanhecer são diferentes das do entardecer; "Le Moulin de la Galette", de Auguste RENOIR; "Caminhos sob Árvores no Verão", de PISSARRO; "As Regatas", de SISLEY; "O Campo de Trigo", de Berthe MORISOT. Todas estas obras com exceção de "Impression ou Soleil Levant", que se encontra no Museu Marmotan, em Paris, estão no Museu dos Impressionistas, em Paris. Os impressionistas foram amantes do Sol, da luz e da natureza. E enquanto outros artistas continuavam pintando em seus estúdios, eles saíram ao ar livre a fim de apreciar as modificações que a

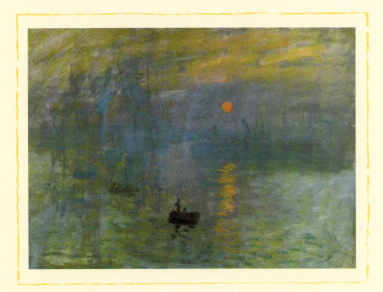

Claude MONET (1840-1926). "Impression ou Soleil Levant" (Impressões ao Nascer do Sol). Museu Marmottan, Paris (França).

Berthe MORISOT (1841-1895). "Na Sala de Jantar". Galeria Nacional de Arte, Washington (Estados Unidos).

luz do Sol produz nas cores da natureza. O Sol era vida para os impressionistas. MONET costumava dizer: "Quando o Sol desaparece, sinto-me morrer!".

Tia Marta não aguentou. Pegou um livro sobre Impressionismo e disse:

– Daniela, temos de puxar a brasa para nossa sardinha. Não foram somente os homens os grandes artistas do mundo. Aqui está Berthe MORISOT da qual já falamos, cunhada, modelo e aluna de MANET. Ela o conheceu quando copiava um quadro de RUBENS, no Louvre, e ele pediu que ela servisse de modelo para o quadro "O Balcão". Mais tarde ela se casou com Eugene, irmão de MANET. É um bom assunto para as feministas, pois gostava de pintar a mulher na intimidade, fazendo seus trabalhos domésticos, cuidando dos filhos, ou, então, enfeitando-se diante do espelho, fazendo a toalete. "Le Berceau" (O Berço) é sua obra principal, onde se nota, não a influência de MANET, mas de COROT, seu professor antes de MANET. Pintou, entre outros, belos quadros, "Mulher Fazendo a Toalete" e "Na Sala de Jantar". MORISOT se distingue pela ternura que expressa ao pintar cenas familiares com muita sensibilidade, criando lindos efeitos de luz e cor.

— Tia — disse Daniela —, acho que ela pintava como um homem.

— Não diga bobagem, menina, pois ofenderia as feministas. Diga apenas que ela pintava como uma genial mulher.

Marcelo e tio Emílio acharam engraçado o papo das duas, mas não tiveram outra saída senão concordar.

— Mas não foi só ela, não — prosseguiu tia Marta —, que representou a mulher no Impressionismo. A norte-americana, Mary CASSAT (1844-1926) também deixou importantes trabalhos impressionistas. E isso interessa a você, Daniela.

— Por quê, titia?

— Porque ela era especialista em retratos de crianças e sabia dar aos rostos infantis um toque de graça e clareza. DEGAS chegou até a fazer um elogio: "Aqui está alguém que sente a forma como eu a sinto". Por volta de 1900, pintou "As Jovens Garotas", que se encontra no Museu de Arte de Indianápolis.

Daniela quis apreciar o quadro de CASSAT, enquanto a tia continuava entusiasmada:

— E tem mais outra impressionista importante: Eva GONÇALEZ (1849--1883), que frequentava com Berthe MORISOT o ateliê de MANET. Em seus trabalhos nota-se a força e a nitidez do mestre. Parece que MORISOT sentia ciúmes quando MANET elogiava GONÇALEZ. Somente em 1850, muito depois de sua morte, é que sua obra seria devidamente estudada. O seu quadro "O Despertar", como toda a sua obra, é acentuadamente marcado pela influência de MANET.

— Bem, Marcelo — brincou tio Emílio —, penso que depois de toda essa

Mary CASSAT (1844-1926). "As jovens garotas". Museu de Arte de Indianápolis (EUA).

demonstração feminista podemos, finalmente, continuar com o Impressionismo.

Sorrindo e piscando o olho para Daniela, tia Marta reafirmou que, afinal, a inteligência e o talento não estão apenas com os homens. E tio Emílio continuou:

– A caricatura também tem suas raízes no Impressionismo e floresce com Henri de TOULOUSE-LAUTREC (1864-1901), que foi também um grande pintor e cartazista. Ele viveu no baixo mundo e pintou as artistas de cabaré. Seu nome completo era Henri Marie Raymond de TOULOUSE-LAUTREC Monfa.

– Que nome comprido!

– Você verá mais adiante, Daniela, que o nome de Picasso é bem maior. A mãe de LAUTREC, a condessa Adèle de Toulouse-Lautrec sofreu muito com as doenças e deformidades do filho e sempre esteve ao lado dele nos hospitais, acompanhando-o com desvelo até os seus últimos dias de vida.

– LAUTREC pintou-a várias vezes, e ela aparece sempre muito triste nesses retratos.

– Mas, voltando ao assunto sobre TOULOUSE-LAUTREC, duas quedas de cavalo, aos 14 anos, deixaram-no aleijado. Pintou belíssimos cavalos, cenas de circo e cabarés e muitos cartazes para o teatro. Algumas de suas obras: "Au Salon de la Rue des Moulin" (No salão da Rua dos Moinhos), "La Danse de la

Condessa Adèle Lautrec. Museu TOULOUSE-LAUTREC – Albi (França).

Goulue" (A Dança da Goulue), Goulue era dançarina de cancã. Era assim chamada porque comia demais; *goulue*, em francês, quer dizer gulosa, comilona. Merece destaque, também, o escultor francês Auguste RODIN (1840-1917) com suas obras: "O Beijo" (1900), "O Pensador" (1904) e "Os Burgueses de Calais" (1908). Sua influência foi considerável na evolução da escultura francesa e estrangeira.

– A escultura, "Os Burgueses de Calais", de RODIN – contou tia Marta – foi baseada num fato real, acontecido durante a Guerra dos Cem Anos entre os reis da França e da Inglaterra. Em 1347 o rei Eduardo III sitiou, cercou a cidade de Calais e fez uma proposta ao povo. Ele pouparia Calais, se seis homens importantes desfilassem pela rua de camisola, cabeça nua, pés descalços, com uma corda no pescoço e fossem lhe entregar as chaves da cidade, antes de serem executados. O mais rico dos burgueses, Eustache de Saint-Pierre e cinco amigos aceitaram a exigência, esperando que seu sacrifício humilhante salvasse Calais. Corajosamente, caminharam naquelas condições, até Eduardo III e entregaram as chaves. Por sorte, a esposa do rei estava grávida e, penalisada, pediu ao marido que liberasse os seis homens. Assim, eles salvaram a cidade e se tornaram grandes heróis.

"Os Burgueses de Calais",
Museu Rodin,
Paris (França).

— Uma coisa importante sobre essa escultura – disse o tio – foi que RODIN a realizou para ser exibida no chão, onde todos pudessem apreciá-la bem de perto. O prefeito de Calais, ao contrário, mandou erguer um pedestal e colocou a escultura no alto. Foi preciso muito trabalho para que a escultura voltasse ao chão como queria RODIN. Hoje, os seis personagens, os Burgueses de Calais, estão no jardim do Museu Rodin, em Paris, e o povo pode rodeá-los, tocá--los e até conversar com eles como costuma fazer sua tia.

— Falando de RODIN, não podemos esquecer de sua aluna, Camille Claudel, também excelente escultora, foi o grande amor de sua vida, mas nunca se casaram. Incompreendida pela família, Camille permaneceu por 40 anos num asilo. Morreu sozinha e esquecida, aos 79 anos. Seu retrato, no asilo, onde sofreu de frio e abandono é comovente. Faz a gente chorar! Suas obras encontram-se na França e em outros museus do mundo.

— Realmente, tia – disse Marcelo. Esse retrato de Camille faz a gente chorar!

Camille Claudel jovem, retratada por RODIN.
Museu Rodin, Paris (França).

Expressionismo

1905

Tia Marta fez questão de participar do papo sobre Expressionismo.

– Você pode ficar, Marta – disse tio Emílio –, mas esperamos que não vá atacar algum artista do Expressionismo como fez com o pobre Nero.

As crianças riram enquanto o tio foi falando:

– O Expressionismo é o oposto do Impressionismo.

– Emílio – interrompeu tia Marta –, você não pode falar no Expressionismo sem falar de VAN GOGH (1853-1890).

– É claro, e é exatamente por ele que vou começar, pois a obra de VAN GOGH serviu de inspiração ao Expressionismo, assim como também a de Edvard MUNCH (1863-1944).

– Titio – perguntou Daniela –, VAN GOGH não é aquele que cortou a orelha e foi levá-la de presente à namorada?

– Bem, Daniela, que ele cortou a orelha é verdade, mas que foi levá-la à namorada me parece mais uma invenção do povo.

– Se é verdade, imagine só o susto que ela levou! – exclamou Daniela.

– Susto? – emendou Marcelo –, acho que ela até desmaiou!

– Se ele fez isso, crianças, é porque estava muito doente do sistema nervoso, quase à beira da loucura. Era um artista angustiado e muito solitário. Em Arles, morava com seu grande amigo, também famoso pintor, Paul GAUGUIN (1848-1903). Certo dia, os dois brigaram. Furioso, VAN GOGH jogou-lhe um copo no rosto e depois tentou matá-lo com uma navalha. Passada a crise arrependeu-se de ter agredido o amigo e, para castigar-se, cortou uma das orelhas.

– Mas que coragem!

– Uma pessoa desequilibrada, Marcelo, pode cometer muitos desatinos. Apesar disso, era um artista excepcional que foi buscar lá fora, na própria natureza, o colorido, as formas revoltas, as árvores farfalhantes, as casas solitárias, os rostos sofridos, os corpos enfraquecidos, os céus estrelados, o amarelo dos girassóis e dos trigais, tudo com um brilho muito exagerado para ter mais expressão. Ele dizia: "Procuro com o vermelho e o verde exprimir as mais terríveis paixões humanas. Quero pintar o retrato das pessoas como as sinto e não como as vejo".

– VAN GOGH é um dos artistas que mais aprecio e tenho pena de sua alma atormentada, porque sofreu muito para dar vazão ao seu anseio artístico. Sua obra parece inspirada nos versos de Musset que dizia: "O homem é um aprendiz, a dor é seu mestre. E ninguém se conhece até que tenha sofrido".

– Você tem razão, Marta. Ele sofreu tanto que acabou cometendo suicídio, depois de passar muito tempo num asilo de doentes mentais. Viveu em solidão e angústias permanentes. Pobre, nunca tinha dinheiro para comprar telas e tintas. Seu irmão Theodore, a quem chamava carinhosamente de Theo, foi o seu grande amigo e protetor e sempre o ajudou a realizar o seu sonho de artista, até o fim de sua vida.

– Tio – quis saber Daniela –, onde está o quadro de VAN GOGH com a orelha cortada?

– Está no Instituto Courtauld, em Londres, na Inglaterra.

Vincent VAN GOGH (1853-1890). "Retrato do Artista com a Orelha Cortada". Instituto Courtauld, Londres (Inglaterra).

– Apreciem, neste livro, outras obras de VAN GOGH: "O Retrato do Dr. Gachet", "O Carteiro Roland", "Os Girassóis", "O Filho do Carteiro", "O Vinhedo Vermelho"...

– É bom lembrar – interrompeu tio Emílio – que "O Vinhedo Vermelho" foi o único quadro que VAN GOGH vendeu em vida.

– É verdade – continuou a tia. – Suas obras somente se valorizaram, após a sua morte. Vejam, "O Estudante", também chamado "O Colegial", para a nossa felicidade, está no Masp (Museu de Arte moderna de São Paulo).

– Afinal, quando aparece o Expressionismo?

– As primeiras manifestações do Expressionismo, como já vimos, sob a influência de VAN GOGH e Edvard MUNCH, aparecem em 1905, na Alemanha, onde artistas organizam dois grupos chamados *Die Bruck* (A Ponte) e *Der Blaue Reiter* (O Cavaleiro Azul), em Munique (1911), que segundo eles ligava o visível ao invisível. Chamados de Expressionistas por Herwarth Walden, poeta e editor da revista *Der Stümer* (A Tempestade), realizam exposições até 1913. Com a ameaça da primeira grande guerra, os grupos se dispersam. Quando o nazismo assume o poder, Hitler suprime a liberdade artística e persegue os expressionistas por considerá-los exemplos de degenerescência artística. Mais tarde se reorganizam e o Expressionismo predomina muito tempo na pintura do Ocidente.

– Tio, o que eles pregavam? – perguntou Marcelo.

– Pregavam um mundo melhor de paz, amor e justiça através de protestos e denúncias. Lembrem-se de que o Expressionismo foi uma reação contra o Academismo e o Impressionismo que não viviam o drama interior do ser humano. Os expressionistas deformavam as imagens visuais e pela emoção buscavam a verdade e a originalidade da técnica.

– Como eram bonitas, também, as cores dos expressionistas!

– Tem razão, Marcelo. Os expressionistas lembram os fovistas na exuberância das cores, e isto vocês verão logo mais. O artista expressionista, lembrem-se sempre disto, vive o drama individual do ser humano e da sociedade. A infância infeliz, a miséria, a exploração do trabalho, os vícios, as injustiças, a angústia humana são os temas prediletos dos expressionistas. PORTINARI, famoso pintor brasileiro de quem falaremos, era um expressionista. Ele fez uma crítica social quando pintou os retirantes nordestinos, os meninos pobres e os espantalhos. Pode-se notar que o expressionista pinta com técnica livre e violência dramática, ressaltando sempre a emoção. Lembram-se de "Os Velhos Tomando Sopa"?

Muito bem. GOYA pode ser considerado um remoto precursor do Expressionismo. Tia Marta foi lendo os nomes de alguns expressionistas:

– Na Alemanha: KIRCHNER, HECKEL, MUELLER, NOLDE; na Bélgica: PERMÈKE, DE SMET, VAN DEN BERGHE; na Tchecoslováquia: KUBIN; no México: OROZCO e RIVERA.

– Pois é, Marta. Você se esqueceu de mencionar um expressionista alemão importante: George GROSZ (1893-1959). Lembram-se, crianças, de que já falamos de um outro GROS? Pois bem, observem seus nomes: um é GROS (Jean Antoine, Barão Gros) que foi um neoclássico. Este do qual estamos falando é GROSZ (George), que nasceu na Alemanha e tornou-se um desenhista e pintor satírico, quer dizer, que satirizava, ridicularizava, criticava as pessoas e os costumes. Em 1933, foi para os Estados Unidos da América. Um de seus quadros, *The Couple* (O Casal), encontra-se no Museu de Arte de Nova York. Outra obra importante é "Autorretrato Para Charlie Chaplin".

Tia Marta continuou lendo nomes de outros artistas importantes do Expressionismo:

– Georges ROUAULT (1871-1958), Oskar KOKOSCHKA (1886-1980), Chaim SOUTINE (1894-1943).

O tio abriu outro livro e mostrou "A Dança da Vida" e "Meninas na Ponte", de Edvard MUNCH; "Mulher em Azul", de Oskar KOKOSCHKA; "O Palhaço", de ROUAULT; "A Mulher do Xale Roxo", de Diego RIVERA (1886-1957).

– Saibam, crianças – disse o tio –, que Diego RIVERA e José Clemente OROZCO (1883-1949), ambos mexicanos, participaram da Bienal de São Paulo de 1955.

– Diego RIVERA – interrompeu tia Marta – foi casado com uma famosa pintora mexicana, Frida KAHLO (1907-1954) que é um exemplo de vida. Em 1913, teve poliomielite, paralisia infantil. Em 1925 sofreu um acidente de carro, teve uma perna amputada, fez transplante de coluna, sofreu dores terríveis, mas nunca deixou de pintar. Até o fim da vida teve de usar um corpete incômodo para suster o corpo. Ela expressou toda a sua dor, na pintura.

– Coitadinha! – exclamou Daniela – quase chorando.

– Mesmo assim, Daniela, ela produziu quadros significativos, alguns representando fases dolorosas de sua vida. Apesar de tudo, foi uma mulher alegre que gostava, também, de música, literatura e política.

– Ela tinha bigode? Estou vendo aqui nesta pintura.

– Não era propriamente um bigode, Marcelo, e sim um buço, aqueles pelinhos que muitas mulheres têm sobre os lábios e vivem depilando. Ela não se envergonhava disso e até retratou-se com ele, como podem ver.

– O que eu sei, tia, é que existe um ditado que diz: "Com mulher de bigode nem o diabo pode".

– Marcelo, você é mesmo impossível. Uma história tão cheia de sofrimento e você vem com essas bobagens!

– Bem – disse o tio – Marcelo fez uma observação sobre a pintura e isso não faz mal a ninguém.

Tia Marta colocou um disco na vitrola, dizendo que o Expressionismo influenciou a literatura, o cinema e a música, como aquela melodia que ouviam, uma composição de Schönberg, chamada *Pierrot Lunaire* (Pierrô Lunar).

– Titio, estou lendo aqui no livro a palavra Bauhaus. O que é?

– Bem, lembrado Marcelo. – O nome completo é *Staatliches Bauhaus* e quer dizer, Casa Estatal da Construção. Foi fundada pelo arquiteto alemão Walter Groupius, (1833-1969), em 1919, em Weimar, na Alemanha. Funcionou de 1919 a 1933. A intenção inicial era torná-la uma escola de arquitetura, artesanato e também uma academia de artes. Queria unir o artista ao artesão, alterar

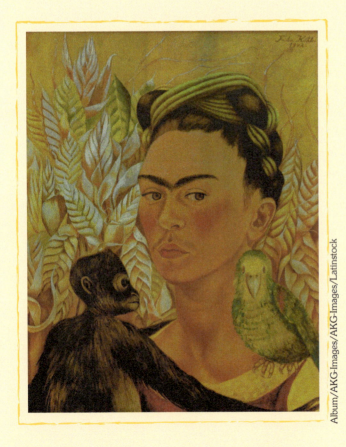

Frida KAHLO (1907-1954).
"Autoretrato".
Nova York (Estados Unidos).

- 148 -

as relações entre o desenho e a arte industrial. Foi a primeira escola de design no mundo. Groupius integrou duas escolas: a de Artes e Ofícios e a de Belas Artes. Chegou até a estabelecer planos para a construção de casas populares, baratas, por parte da República de Weimar. Quando foi para os Estados Unidos, projetou o bairro operário de Kessington, além dos arranha-céus, escolas e residências.

– Acho que a Bauhaus, Emílio, foi mais do que uma escola de arquitetura e artes. Foi um centro de grande agitação de todos os movimentos com toques expressionistas, de uma época que marcou o início de uma nova arquitetura mundial. Congregou importantes artistas de vanguarda, em sua maioria, membros do movimento abstrato e cubista. Em 1925, a Bauhaus vai para Dassau, em 1932, para Berlim. Em 1933, é fechada pelos nazistas.

– Foi um grande estrago no campo das artes. Os Estados Unidos receberam a maior parte daqueles artistas e arquitetos exilados do regime nazista. Uma curiosidade: a Cidade Branca, de Tel Aviv, em Israel, contém um dos maiores espólios de arquitetura Bauhaus. Espólios são bens que uma pessoa deixa ao morrer.

– Quais são os melhores arquitetos do Brasil?

– Vou falar, Marcelo, apenas de quatro famosos e citar alguns de seus projetos. Oscar Niemayer, completou 102 anos em 2009 e ainda está em plena atividade. Além de projetos espalhados pelo mundo, idealizou a cidade de Brasília; Paulo Mendes da Rocha, tem 80 anos, recuperou a Pinacoteca do Estado e projetou a cobertura da Praça do Patriarca ambos em São Paulo; Isay Winfeld, de 56 anos, projetou o Hotel Fasano, a discoteca Disco e a residência Casa d'Água, nos Jardins em São Paulo; Lina Bo Bardi (1914-1992), projetou o Masp (Museu de Arte de São Paulo) e o Sesc Pompeia.

– A Bauhaus ainda existe, tia?

– Bem, Marcelo, atualmente, a Bauhaus é uma universidade considerada uma das melhores do mundo e funciona num belo edifício, em Wiemar, na Alemanha.

FOVISMO

1905

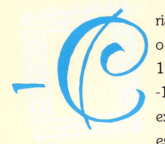

Crianças – falou tio Emílio –, penso que vocês vão apreciar o Fovismo, pois a sua história é muito interessante. Em 1905, um grupo de pintores, Henri MATISSE (1869-1954), Raoul DUFY (1877-1953), e outros, fizeram uma exposição no Salão do Outono, em Paris. Havia, ali, uma estátua de David, de autoria do escultor florentino DONATELLO (1386-1466). Um crítico francês, vendo a estátua entre os quadros expostos, exclamou pasmado: "Vejam DONATELLO entre *fauves*! (feras!)".

– Por que ele falou isso, hein, tio?

– Porque, Daniela, o crítico havia se impressionado com a violência com que aqueles artistas usavam a cor em tons puros, sem nuanças. O apelido pegou no mundo inteiro e assim nasceu o *Fauvisme* (Fovismo), que mostrava influências de VAN GOGH e GAUGUIN, que já haviam morrido.

– Eles não se importaram de ser chamados de feras?

– Não, Daniela, porque, na verdade, eles queriam que as suas cores chamassem atenção, fossem um verdadeiro grito. E conseguiram. Maurice VLAMINCK (1876-1958) era um fovista até no tipo físico, pois tinha a aparência de um touro. Era forte, musculoso, praticava ciclismo profissional. Ele dizia: "Eu jamais pensei na Arte clássica, na italiana, na grega. Queria incendiar a Escola de Belas Artes com os azuis e os vermelhos".

– Incendiar a Escola de Belas Artes? Ele era maluco?

– Não, Marcelo. Era apenas um modo de dizer. Ele era um fovista inflamado. Queria recriar um mundo sensível, vivo e livre. Quando descobriu VAN GOGH, em 1901, escreveu mais tarde: "Naquele dia quis mais bem a VAN GOGH do que a meu pai".

– Que exagerado, tio – falou Daniela.

Donato Niccolò di Betto Bardi (DONATELLO) (1386-1466). "David". Escultura em bronze. Victoria and Albert Museum, Londres (Inglaterra).

– A emoção pela Arte pode levar um artista a exageros como esse. Uma boa consequência do Fovismo foi que os artistas foram despertados para a Arte elementar dos seres humanos primitivos, dos negros e das crianças.

– Por que das crianças?

– Veja, Daniela, Henri MATISSE dizia que procurava pintar no mesmo estado de graça e pureza de uma criança ou de um selvagem. Foi ele quem libertou as cores, pintando em seus quadros as que achava mais bonitas. Os fovistas abandonaram as regras tradicionais da pintura intelectualizada, o claro-escuro, o desenho detalhado e começaram a usar as cores de modo selvagem, cercando os contornos dos objetos com um traço negro. Por isso foram chamados – como já disse, – de *fauves* (feras). O Fovismo teve repercussão nas artes gráficas, na moda e na arquitetura. Sobretudo, contribuiu para despertar interesse pelas artes infantis.

– Então – disse Daniela –, acho que o Fovismo foi mesmo um grande movimento!

– Não disse que vocês iriam gostar?

– Tio, mostre algumas obras do Fovismo – pediu Marcelo.

– "Natureza Morta com Cerâmica Branca", de VLAMINCK; "Natureza Morta com Peixes Dourados", de MATISSE; "O Artista e Seu Modelo", de DUFY (Raoul Dufy, 1897-1953).

— Afinal, Emílio, como vamos situar Paul GAUGUIN para as crianças? Ele era um fovista?

— Bem, Marta, alguns especialistas em Arte situam GAUGUIN ao lado de VAN GOGH como expressionista. Outros dizem que ele é um fovista. Na verdade, a sua obra contribuiu para o aparecimento do Fovismo.

Como seu grande amigo VAN GOGH, tinha uma alma inquieta e torturada. Era filho de um jornalista parisiense e de Flora Tristan, descendente de uma família do Peru. De 1851 a 1855 morou com sua mãe, em Lima, no Peru. Aos 23 anos entra para a Marinha Mercante e embarca no navio Luzitano que chega à Guanabara e ali se demora um mês. Tempo suficiente para conhecer muito bem o Rio de Janeiro. Dizem até que ele se enamorou de uma francesinha que trabalhava numa casa de modas, na rua do Ouvidor. Aos 35 anos, torna-se, em Paris, um respeitável homem de negócios. Certo dia, voltando do banco onde trabalhava, disse à sua mulher:

— Larguei o emprego! Agora vamos viver de pintura!

— Nossa, tio, acho que ela caiu dura no chão.

Henri MATISSE (1869-1954). "Natureza Morta com Peixes Dourados". Museu Pushkin, Moscou (Rússia).

– Olhe, Daniela, foi quase assim. Imaginem só, uma mulher com cinco filhos e uma vida próspera, vendo seu marido abandonar um bom emprego para dedicar-se à pintura. Deve, mesmo, ter levado um susto daqueles! Mas, incansavelmente, GAUGUIN perseguiu o seu sonho e o realizou. Mesmo passando por muitas dificuldades foi viver e pintar no Taiti, onde morreu doente e na penúria. Ele dizia que o pintor não deve ser apenas um olho que registra as formas e as cores, como faziam os impressionistas. O importante era recriar a natureza, conferindo a cada imagem um valor simbólico e decorativo que poderá ser alterado e deformado. Suas cores eram iluminadas e ardentes, combinando-se com a simplicidade rústica de sua técnica. Passou a vida na Oceania, de 1891 a 1893 pintando e escrevendo sua biografia, *Noa-Noa*. Mais tarde foi para a ilha de Fatuiva, onde, em 8 de maio de 1903, como já disse, morreu na mais extrema miséria. Além do Fovismo, GAUGUIN influenciou fortemente a pintura moderna. Entre suas obras destacam-se "O Cristo Amarelo", "Ta Matete", "Arlesiana" e inúmeros retratos das taitianas com as quais conviveu.

Paul GAUGUIN (1848-1903). "Ta Matete" (O Mercado). Museu d'Orsay, Paris (França).

CUBISMO

1908

Hoje – começou tio Emílio –, vamos falar de Pablo Ruiz PICASSO (1881-1973), que foi o chefe do Cubismo em Paris. Daniela, lembra-se de que você achou o nome do LAUTREC comprido? Pois veja o de Picasso: Pablo Diego José Francisco de Paula Juan Nepomuceno Crispim Crispiniano de La Santíssima Trinidad Ruiz PICASSO. Ufa!

– Você tem razão, tio. É um nome de tirar o fôlego!

– Pois eu sei de cor outro nome mais comprido –, disse a tia. – O de Dom Pedro II, imperador do Brasil: Pedro de Alcântara João Carlos Leopoldo Salvador Bibiano Francisco Xavier de Paula Miguel Gabriel Rafael Gonzaga.

– Titia, são nomes quilométricos! – disse Marcelo. – Penso que nem Dom Pedro, nem Picasso sabiam seus nomes de cor.

– É possível, Marcelo.

– Tio, o Picasso não foi aquele pintor que depois de sua morte os filhos brigaram por causa da herança?

– Esse mesmo, Daniela, ele morreu em 1973, foi casado várias vezes e deixou a todos os seus filhos uma herança em obras de Arte que vale uma imensa fortuna: 240 milhões de dólares. A partir de 1906, ele e seu amigo Georges BRAQUE (1882-1963) começaram a dar uma nova representação ao corpo humano. Procuravam simplificar as formas, reduzindo-as aos seus elementos geométricos básicos. Entusiasmaram-se com as máscaras africanas e começaram a facetá-las, isto é, a dividi-las em faces e o mesmo fizeram com as figuras e as coisas. Quebravam objetos e com as partes quebradas formavam motivos para seus quadros.

– Quem vai gostar disso, tia – disse Daniela, é a Sebastiana. Pois com todos os pratos que ela quebra acho que podia virar cubista.

Tia Marta sorriu e o tio continuou:

– Os cubistas fizeram, também, lindas colagens. Criaram a arte da simultaneidade, que quer dizer: ao mesmo tempo. Com muita paciência, BRAQUE e PICASSO reduziam motivos tirados da natureza e modelos vivos a um jogo de linhas e planos. Acreditavam que uma figura não devia ser vista apenas de um único ponto e que a perspectiva não capta a completa realidade de um objeto que pode ser visto de diversos lados e vai se modificando à medida que o observador muda de lugar.

– O que é perspectiva, tio?

– Perspectiva, Daniela, é uma forma de se desenhar que dá a impressão de profundidade, através de linhas que se dirigem para um ponto chamado ponto de vista ou de fuga. Por exemplo: se eu olhar para um edifício, eu só verei a parte da frente; eu não poderei enxergar os lados e a parte de trás. Só verei o que a minha vista alcança. Entretanto, certos artistas modernos, como PICASSO, faziam desenhos que, ao invés de tentar dar profundidade à imagem representada, faziam o oposto: desenhavam, por exemplo, casas planificadas, mostrando, ao mesmo tempo, a frente e os lados das mesmas. Se a representação fosse uma cabeça, mostravam, ao mesmo tempo, a frente, o perfil e a parte de trás. Por exemplo, quando PICASSO desenhava um perfil, colocava o outro olho e a outra orelha que não se vê, tudo junto, do mesmo lado. Ele pintava o que sabia que existia.

– Como assim?

– Ora Daniela. Eu olho para o seu perfil, mas eu sei que você tem um outro olho e outra orelha, do outro lado do rosto, não é isso!

– Ah! Agora eu entendi.

– A essa forma de desenhar deu-se o nome de simultaneidade, também muito usada pelas crianças. Quando desenham uma casa, fazem aparecer os lados e a frente, tudo de uma só vez. Existe ainda uma forma muito curiosa de desenho feita pelas crianças que mostra coisas que estão dentro de outras. Elas gostam de pintar os moradores aparecendo através das paredes da casa, ou uma criança dentro do ventre materno. Aí, elas estão usando o que se convencionou chamar perspectiva radiográfica. Quando Marcelo era pequeno, gostava de desenhar sua mãe com uma criança no ventre, e ainda por cima fazia um cinto, explicando "que era para a criança não cair".

Daniela também quis falar de seus desenhos no jardim da infância, mas o tio interrompeu-a, dizendo que ia contar uma história muito divertida sobre Arte infantil:

– Certa vez, uma menininha desenhou uma figura com um peixinho dentro da barriga. Quando o professor perguntou-lhe o que era aquele peixinho, ela respondeu: "Ué, mas eu não comi o peixinho na hora do almoço? Esse é o meu retrato com o peixinho dentro de mim". Daniela achou a história divertida, exclamando que as crianças são mesmo geniais e começou a rabiscar num papel.

– Deixe o desenho para mais tarde e preste atenção, Daniela. Mas voltando à simultaneidade, quem se lembra das pinturas dos seres humanos pré-históricos?

– Num boi de perfil – lembrou Marcelo – eles pintavam as patas dianteiras de frente.

– Isso mesmo. Como os cubistas, os homens das cavernas pintavam não somente o que estavam vendo, mas o que sabiam que existia. Dizem que o quadro "Les Demoiselles d'Avignon", pintado por PICASSO em 1907, em Paris, é a primeira obra cubista. Entretanto, outros acham que as paisagens de BRAQUE expostas em 1908, em Paris, são as primeiras obras do Cubismo.

– Engraçado – observou Marcelo –, aqui no livro diz que BRAQUE transformava os troncos das árvores em cilindros e as casas em cubos.

– É verdade, ele reduzia tudo a elementos geométricos básicos. PICASSO e BRAQUE, como CÉZANNE, procuravam simplificar as formas da natureza. Foi o crítico Louis Vauxcelles, o mesmo que batizou os fovistas, que chamou as paisagens de BRAQUE de cubos. E esse nome também pegou. O Cubismo influenciou a arquitetura, as artes decorativas, os produtos industriais de fabricação em série e abriu o caminho para o Futurismo.

– Falando em PICASSO – lembrou o tio Emílio – dia 25 de outubro de 1981 comemorou-se, no mundo inteiro, o centenário de nascimento de Pablo Ruiz PICASSO. Nascido em Málaga em 1881, começou a pintar aos quatro anos. Certo dia, quando estava com oito anos, foi com seu pai assistir a uma corrida de touros e quando voltou para casa pintou "O Picadeiro". Aos 14 anos fez o retrato de sua mãe, mas tão perfeito, que chegou a surpreender a própria família.

Daniela quis ver o "Retrato da Mãe do Artista" e espantou-se com a perfeição da obra:

– Com quem ele aprendeu a pintar tão bem assim?

– Com o pai, don José, que era pintor e professor na Escola Provincial de Belas Artes de Málaga. Conta-se que, um belo dia, don José terminou seu quadro de pombas, tema que muito apreciava, e entregou ao filho a paleta, as tintas, os pincéis e nunca mais voltou a pintar. Nesse tempo, aos 13 anos, Picasso já era um gênio. Quando foi para Barcelona, em 1895, levou embaixo do braço uma pasta repleta de desenhos feitos na infância. Mais tarde começou a frequentar uma taverna chamada *El Quatre Gats*, mistura de restaurante, bar e galeria de Arte.

– O que quer dizer *El Quatre Gats*? – perguntou Marcelo.

– Os Quatro Gatos. Ali, para ganhar dinheiro, fazia o retrato dos fregueses. Pére Romeu, proprietário da taverna, costumava apresentar um teatro de títeres para a criançada. E Picasso não perdia uma apresentação.

– Devia ser um lugar muito divertido, hein, tio?

– Realmente, Daniela. E aquele homem baixinho, sentimental e inflamado, como todo bom espanhol, misturava-se à criançada, desenhava para elas, contava-lhes histórias, fazia comentários, ria, cantava, comportando-se como uma criança que espera estender as mãos e agarrar a felicidade.

– Só porque ele gostava de crianças eu já gosto muito dele.

– Você não deve gostar dele só por isso, Daniela, mas porque foi um artista genial e, também, o mais influente da primeira metade do século XX. Pintou milhares de quadros e entre alguns famosos estão: "A Mulher Vestida de Azul", "A Passadeira", "Maternidade", "A Família de Acrobatas", "Cavalos Banhando-se", "As Três Dançarinas", "A Refeição", "O Violão", "Senhoritas d'Avignon", "Ciência e Caridade", "Guernica".

– Dizem que um quadro dele vale milhões de reais.

– Vale mesmo, Marcelo. Foi o único pintor no mundo que recebeu glórias em vida. Mas, para chegar a isso, sofreu muito, conheceu de perto a fome, o frio, enfrentando toda a sorte de misérias. Quantos invernos chuvosos passou em Paris, abrigando-se em desvãos de portas, sem um níquel no bolso para comprar o conforto de uma cama numa pensão! Nesses tempos difíceis conheceu Max Jacob e partilhou com ele um minúsculo ateliê com pouca luz e apenas uma cama. Picasso pintava de noite e dormia de dia, quando Jacob se levantava para trabalhar. Quando Jacob perdeu o emprego, ambos se agoniaram com as dificuldades. Muitas vezes, o dinheiro não dava sequer para comprar um pão ou um prato de batatas fritas.

– Coitado de Picasso, que vida dura ele passou!

– Pois apesar disso, ele não desanimou e venceu, tornando-se um dos maiores pintores do mundo.

Tia Marta abriu os jornais que falavam sobre Picasso, sua vida e seus filhos.

– Vejam aqui – disse ela –, Picasso tinha uma casa de 18 cômodos na Califórnia, uma imensa vila, em Cannes (França). Seu filhos, Claude e Paloma, adoravam o pai. Eis o que Claude declarou aos jornalistas: "Papai era bastante despretencioso, era um pai adorável. Ele jamais acordava cedo ou saía para trabalhar fora. Ele adorava construir brinquedos para nós, circos inteiros, touradas e bonecas para Paloma".

– Escutem agora, crianças – pediu tia Marta – o que disse Paloma: "Costumávamos passar cinco horas na praia. Depois ele voltava e começava a trabalhar. Às vezes, estávamos almoçando e, ao terminar, meu pai pegava tudo o que sobrava e transformava numa escultura. Quando íamos comer num restaurante ele começava a brincar com os guardanapos, fazendo pequenas bonecas e desenhando nelas. Também fazia lindas figuras com miolos de pão".

– Ele era um pai bonzinho, mesmo – observou Daniela –, até parece o meu pai.

Marcelo concordou, sorrindo e tio Emílio interrompeu:

– Saibam que Paloma, filha de Picasso, tornou-se uma grande empresária, perfumista e veio ao Brasil, há alguns anos, lançar o seu perfume Paloma, em São Paulo, na joalheria Tiffany, no Shopping Iguatemi.

– Que glória para quem conheceu a Paloma Picasso!

– Pois sua tia foi vê-la, Marcelo. Comprou um perfume e ainda ganhou um autógrafo!

– Que glória!

– O melhor mesmo seria se o autógrafo tivesse sido do próprio Picasso. Mas vamos voltar a ele.

– Agora, quero mostrar-lhes Guernica. Observem bem. É a obra mais importante de Picasso. Quando os alemães, a pedido de Franco, presidente da Espanha, bombardearam, em 1937, a cidade espanhola de Guernica, foi como se o mundo desabasse sobre a sua cabeça. O golpe estremeceu-lhe o corpo e a alma. Tendo nascido para o mundo, renasceu para a Espanha. E pintou todo o seu desespero em branco, preto e cinza. Como um animal ferido na sua própria carne, filosofa sobre os destinos da guerra civil espanhola que deixou um saldo de milhares de mortos e uma terra coberta de sangue.

– Credo, tio, que coisa horrível! E que pintura mais estranha!

– Pois é exatamente esse impacto, essa impressão, Marcelo, que o artista pretendeu causar. Nessa tela, a maior que já pintou, com oito metros de comprimento e três e meio de altura, derrama toda a sua dor apaixonada. Retrata o holocausto do povo espanhol, representando a sua dor, sofrimento, desolação e revolta. O cavalo estripado é a representação da sofredora raça humana. O touro, como ele mesmo disse, não é o fascismo, mas a brutalidade e a escuridão. Guernica será para sempre um grande documento de dor da raça humana.

– Guernica – disse tia Marta – ficou durante 30 anos no Museu de Arte de Nova York. E, quando PICASSO morreu, deixou expressa em seu testamento a vontade de que o quadro somente deveria retornar à Espanha quando o país voltasse à democracia.

– E foi o que aconteceu – continuou tio Emílio. – Em setembro de 1981, após a morte de Franco, Guernica retornou à Espanha, cumprindo-se, assim, a vontade de PICASSO. O povo basco vive reclamando, exigindo que a obra volte à cidade de Guernica.

– Tio – falou Daniela –, eu gosto da "Pomba da Paz"!

– Pois ele a pintou para o Congresso Mundial da Paz, em 1940, como uma grande esperança para todos os homens do mundo. Vejam o traço simples, singelo. Entretanto, ele era vigoroso na sua pintura como nas suas palavras. PICASSO deixou esta frase para a humanidade: "Não! A pintura não foi feita para decorar apartamentos. É um instrumento de guerra para defesa e ataque contra o inimigo".

Pablo Ruiz PICASSO (1881-1973). "Guernica". Museu Nacional – Centro de Arte Moderna e Contemporânea, Rainha Sofia. Madri (Espanha).

– Isso é bonito, é uma verdade mesmo! – aplaudiu tia Marta. – Há gente que compra quadros por metros, somente para enfeitar a casa, sem gostar de arte. Picasso sabia disso.

– Por isso mesmo, Marta, ele detestava os esnobes. Não queria saber deles, ainda que fossem milionários.

Tio Emílio, sem perceber, foi se inflamando, levantando a voz:

– Ele disse: "Eu não procuro. Encontro". Quem sabe com isso queria passar ao mundo a mensagem cifrada de que o ser humano está além da busca e, se realmente quiser, poderá vencer suas dificuldades, enfrentar até o frio e a fome, o vazio do coração, principalmente quando a liberdade se torna maior do que a vida. A obra de Picasso, crianças, é uma tomada de consciência universal.

– Você falou bonito, tio – exclamou Daniela, enquanto Michelangelo, de orelhas em pé, ficou todo agitado.

– Isso vale um prêmio – disse tia Marta sorrindo. – Para um bom discurso como esse, só mesmo um bom café com torta de morangos.

– Antes da merenda, saibam que em Bilbao, na Espanha, também foi construído um Museu Guggenheim, um dos mais modernos do mundo. Um dia, precisamos visitá-lo.

Outro holocausto que estarreceu o mundo – continuou o tio – aconteceu durante a II Guerra Mundial, de 1939 a 1945. Um austríaco, mau, desiquilibrado, chamado Adolf Hitler, assassinou seis milhões de judeus, entre homens, mulheres e crianças. Após torturá-los em campos de concentração, mandava-os para as câmaras de gás, onde morriam asfixiados. Os jovens desta geração precisam conhecer essa história brutal, cujo horror, a humanidade jamais esquecerá. Mais um episódio de dor da raça humana!

Marcelo e Daniela ficaram tristes e pensativos, enquanto tia Marta continuou:

– Hitler cometeu outro grande crime: mandou queimar, em praça pública, famosas pinturas expressionistas por considerá-las aberrações, pois denunciavam os desmandos dos poderosos e retratavam a miséria social e política. Durante a II Guerra Mundial, ele foi um grande tirano e saqueador. Ele e o exército alemão, por onde passavam, roubavam os quadros famosos que admiravam. Hitler pilhou 16 mil obras de grandes museus da Europa, pois pretendia fundar, com elas, um museu na Áustria. Foi assim que, durante a ocupação nazista em Paris, muitas obras famosas desapareceram do Louvre. Felizmente, já foram devolvidas à França.

– Não se esqueça Marta, do grande "drible" que o Louvre deu nos nazistas. No "nariz" deles, os funcionários retiraram as obras mais famosas e as transportaram, num grande caminhão emprestado pela companhia da Comédia Francesa, alegando que iam fazer exposições em cidades do interior da França. Assim, conseguiram esconder milhares de obras de Arte, por todo o país. Após a guerra, elas retornaram ao Louvre. Dentre os quadros transportados nessa operação estava "Radeau de La Meduse", (A Jangada da Medusa), de GERICAULT, aquele quadro famoso e enorme que já foi comentado durante a nossa conversa.

FUTURISMO

1909

– Não quero perder o Futurismo – disse tia Marta acomodando-se perto das crianças. – Sei que vai ser muito divertido!

– O Futurismo – começou o tio – foi um movimento literário e artístico criado na Itália, em 1909, por um grupo de escritores e pintores, lançado no mesmo ano em manifesto assinado pelo escritor italiano Filippo Tommaso Marinetti (1876-1944), publicado na revista italiana *La Voce* e no jornal francês *Le Figaro*. O Futurismo pregava que os artistas deveriam considerar o amor uma fraqueza e desprezar as mulheres, mesmo as bonitas.

– Essa não – disse Marcelo –, acho que eles estavam loucos!

– É isso – concordou tia Marta –, eram loucos mesmo. Vejam o que eles diziam.

– Pois é – continuou o tio –, diziam que "um murro na cara de alguém é mais belo do que um poema; a guerra, uma necessidade, verdadeira higiene da humanidade". Tinham verdadeiro ódio ao passado e gritavam: "Avante os bons incendiários de dedos carbonizados. Aqui! Aqui! Queimai, com o fogo dos nossos raios, as bibliotecas. Desviai o curso dos canais para inundar as salas dos museus".

Tio Emílio foi se empolgando e elevando cada vez mais a voz, enquanto Daniela o escutava com os olhos arregalados.

Entusiasmado com as próprias palavras o tio nem percebeu que elevara a voz:

– "Que flutuem, aqui e ali, os desenhos gloriosos! Mãos às picaretas e aos martelos! Cavai o cimento das cidades veneráveis."

– Muito bem, tio, o senhor falou bonito! – aplaudiu Marcelo.

Daniela nem piscava, olhando embasbacada para o tio que sorria divertido com a expressão da sobrinha.

– Vamos, menina, acorde, o entusiasmo já se acabou. Eu só estava querendo dar ênfase à voz dos futuristas. – E prosseguiu no mesmo tom:

– Eles exigiam a matança dos medalhões literários e artísticos, para apagar todos os vestígios do passado que odiavam. Um ano depois do manifesto de Marinetti, lançava-se em Turim um manifesto assinado pelos artistas plásticos Umberto BOCCIONI (1882-1916), Carlo CARRÀ (1881-1966), Luigi RUSSOLO (1885-1947), Giacomo BALLA (1871-1958), Gino SEVERINI (1883-1966) e outros. Os dois manifestos arrasavam o passado, glorificando o futuro. Daí o nome do movimento, Futurismo. Como se vê, foi um nome escolhido cuidadosamente e não ao acaso como acontecera a movimentos como o Impressionismo, o Fovismo e o Cubismo. No manifesto, os futuristas diziam: "Um automóvel rugindo – claro que os automóveis não rugem –, que parece correr sobre metralhas, é mais belo do que a 'Vitória de Samotrácia'! Cantaremos os motores, as multidões, a vibração noturna dos arsenais, as fábricas, as pontes, os vapores aventureiros, as locomotivas, o voo dos aeroplanos!"

Desta vez até Michelangelo se agitou, pensando que tio Emílio estivesse zangado.

– Quieto, Michelangelo! – disse Daniela. – Hoje, titio está muito inspirado.

– Eu não disse que ia ser divertido? – brincou tia Marta.

Sorrindo, o tio continuou:

– Cantavam assim a máquina e afirmavam que os motores como os seres humanos têm alma!

– Acho mesmo que todas as coisas têm alma! – exclamou Marcelo.

– Na pintura, os futuristas aparecem com formas e cores dinamizadas pela repetição da imagem tal como acontece no cinema. Diziam que um cavalo a galope não tem somente quatro pernas, mas 20 pernas e assim o desenhavam. Procure aí, Marcelo, a "Bicicleta ao Sol", de SEVERINI. BALLA pintou o célebre quadro "O Cão" com diversas pernas, levado por sua dona na corrente; a corrente também se repete como a querer sugerir os movimentos do animal carregado pela dona. Procure "O Cão", também, Marcelo.

Daniela copiou em seu caderno "O Cão", de Giacomo BALLA e fez o cachorro com a cara do Michelangelo. Até Marcelo o elogiou.

Daniela olhou o quadro "Bicyclette Dans le Soleil" (Bicicleta ao Sol) de SEVERINI e perguntou:

– Mas onde está a bicicleta, tio? Eu não a vejo.

– Ela está aí, movendo-se continuamente, segundo o pintor SEVERINI.

– Então – perguntou Marcelo –, bicicleta futurista é desse jeito?

– Segundo o entender dos futuristas, todas as coisas se movem, marcham, transformando-se incessante e indefinidamente. Eles queriam traduzir o ritmo da vida urbana, moderna, contra o Cubismo. Queriam comunicar estados tensos e vertiginosos. Foram considerados antidemocráticos e fascistas.

– Acho que comecei a entender a "Bicicleta ao Sol" e "O Cão", também. Quando as coisas estão em movimento, são assim mesmo. Gostei.

– Pois eu não gostei muito – falou Daniela.

O papo sobre Futurismo acabou com o tio lembrando:

– O Futurismo difundiu-se na Europa e na América. Em 1926, Marinetti veio ao Brasil fazer conferências, mas o Futurismo já havia perdido importância desde o fim da I Guerra Mundial (1914-1918) e ele foi vaiado.

Giacomo BALLA (1871-1958). "O Cão", que pode ser visto
na Academia de Belas Artes, Buffalo, (Estados Unidos).

ABSTRACIONISMO
1910

O Abstracionismo nasceu com o pintor russo Vassily KANDINSKY (1866-1944).

– Tio, esse não é o artista que esqueceu o quadro de cabeça para baixo?

– Isso mesmo, Marcelo. Ele foi pintor acadêmico e depois *fauve*. Andava cansado de sua obra e um dia, depois de pintar um quadro, abandonou-o num canto da sala e saiu. Na volta, ao escurecer, olhou o quadro que estava de cabeça para baixo e achou bonitas as cores sem forma. Pegou um pincel e pintou, à aquarela, o seu primeiro quadro abstrato com manchas livres, abandonando as realidades exteriores e voltando-se para as realidades interiores.

– Eu não gosto desse quadro – disse Daniela.

– Pois eu gosto – falou o tio. – As crianças e os primitivos são, de certa forma, abstracionistas porque pintam o que sabem e não o que veem. Já falamos sobre isso. Quando um abstracionista pinta uma árvore e um rio, ele está mais preocupado com o processo que faz a árvore crescer e o rio fluir do que propriamente com a forma, a imagem da árvore e do rio.

– O Abstracionismo tem muito a ver com substantivos abstratos como a saudade, a tristeza e a dor.

– Isso mesmo, Marta. KANDINSKY costumava dizer que um quadro abstrato é a representação de um estado de espírito e não a representação de objetos. Assim, ele poderia com a força das cores expressar na pintura a tristeza, a saudade e até um som. Os abstracionistas exprimem-se por meio de formas e cores à maneira do que fazem os músicos por meio de ritmos e sons. O orador romano Cícero achava que os deuses, jovens e cavalos, que o escultor grego FÍDIAS esculpia no friso do Partenon, não existiam na realidade, mas apenas no seu espírito. Nos antigos túmulos chineses foram encontradas esculturas de jade de formas estranhas, sem nenhuma relação com as imagens visuais, mas que simbolizavam as qualidades abstratas do morto: a generosidade, a retidão na amizade, a inquietude do coração. KANDINSKY fazia um abstracionismo sensível, isto é, que obedecia mais ao sentimento, enquanto MONDRIAN – que veremos mais adiante – fazia um abstracionismo geométrico, rigorosamente matemático. Vejamos algumas obras de KANDINSKY: "Acompanhamento Amarelo", "Contraste Acompanhado" e "Composição nº 8".

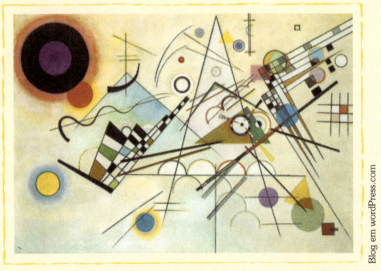

Wassily KANDINSKY (1866-1944). "Composição nº 8".

Dadaísmo

1916

Em 1916, na cidade de Zurique, no Cabaret Voltaire, reuniram-se escritores e artistas de várias nacionalidades, refugiados de guerra, e criaram o Dadaísmo. Nos países de origem, alguns tinham protestado contra a guerra iniciada em 1914. Considerados traidores e impatriotas, foram obrigados a exilar-se.

– Onde fica Zurique, tio? – quis saber Daniela.

– Na Suíça. Ali, no grupo dadaísta, destacavam-se o poeta romeno Tristan TZARA (1896-1963), o pintor alsaciano Hans ARP (1887-1966), Hugo BALL (1886-1927), Gerhard RICHTER (1932) e outros. Esses intelectuais tinham horror à guerra que destrói tantas vidas, e também os bens materiais e espirituais. Foram dominados pela ideia da inutilidade da cultura, da moral, da religião, da civilização. Para dar nome ao novo movimento abriram o dicionário Larousse ao acaso. O poeta Tristan TZARA, de olhos fechados, foi correndo o dedo pela página, que foi cair sobre a palavra *dadá* que, em francês, na linguagem infantil, significa cavalinho. Esse nome, portanto, foi escolhido ao acaso.

– É um nome engraçado! – observou Daniela.

– Mais engraçado era quando alguém perguntava o que queriam dizer com Dada ou Dadaísmo, eles respondiam: Nada!

– Afinal, o que eles pretendiam?

– Como eles mesmos diziam, Marcelo, nada! Nada de pintores, nada de músicos, nada de escultores e nada de religiões etc.

– "Basta de todas essas imbecilidades!", diziam. E reuniam-se para ler manifestos chocantes, faziam reuniões aterrorizantes, brincavam de esconder, mastigavam fósforos.

– Credo, que malucos! – exclamou Daniela, achando muita graça. – Nunca vi ninguém comer fósforos.

– Pois é, mas como ia dizendo, chegaram a vestir uma menina com trajes de primeira comunhão e puseram-na a declamar versos imorais. Chegaram até a pintar a Mona Lisa com bigodes e escreveram palavrões no quadro e nas paredes.

– Tio – disse Daniela –, que coisa mais esquisita essa de vestirem a menina e mandarem ela falar palavrões. Se fosse eu, não ia, não!

– E faria muito bem. Mas o que os dadaístas queriam era provocar o público e tanto fizeram que a polícia foi obrigada a intervir.

– Mas afinal – perguntou Marcelo – o que os dadaístas queriam? Por que fizeram tudo isso?

– Acho que a melhor forma de responder à sua pergunta será usando as palavras do pintor e poeta Hans ARP que disse: – "Revoltados com a carnificina da guerra mundial de 1914, devotamo-nos, em Zurique, às artes. Enquanto os canhões rugiam à distância, cantávamos, pintávamos, fazíamos colagens e escrevíamos poemas com toda a nossa força. Procurávamos uma Arte de base, a fim de curar a loucura de uma época, e uma nova ordem das coisas, que pudesse restaurar o equilíbrio entre o céu e o inferno".

– Puxa, titio, que bonito!

– É uma declaração inspirada, Marcelo. O movimento foi levado para Nova York pelos pintores Marcel DUCHAMP (1887-1968), Francis PICABIA (1878--1953) e Man RAY (1890). Em Paris teve apoio dos artistas e escultores André BRETON (1896-1966), ARAGON (1897), Max ERNST (1891-1976) e outros. Com o final da guerra, o Dadaísmo encontrou ambiente propício na Europa traumatizada. Em 1922, realizou-se a última manifestação em Paris, para transformar--se, em 1924, no Surrealismo.

– Lembrei-me, agora –, disse tia Marta – de um artista que agrada muito às crianças. É Max ERNST (1891-1976) que teve forte influência sobre as artes visuais do século XX. Ele tinha grande amor pelos pássaros e dava títulos estranhos às suas pinturas. Entre eles, "Duas Crianças Ameaçadas por um Rouxinol", "Os Pássaros não Podem Desaparecer", "Monumento aos Pássaros!". Também foi um artista revolucionário, grande agitador do mundo das artes. Foi casado com Peggy Guggenheim, famosa colecionadora de arte moderna. Ela pertencia à família fundadora dos museus Guggenheim. Já falamos dela.

– Tio, mostre uns quadros do Dadaísmo.

– Aqui estão, Marcelo: "Nu Descendo uma Escada", de Marcel DUCHAMP.

– Que coisa tio, não vejo nu algum – exclamou Daniela.

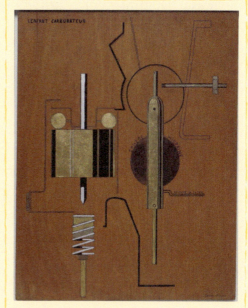

Francis Picabia (1878-1953). "O Menino Carburador". Museu Guggenheim, Nova York.

Marcel DUCHAMP (1887-1968). "Nu Descendo uma Escada". Museu da Filadélfia (Estados Unidos).

– Mas prestem bem atenção e verão uma figura se multiplicando, ao descer a escada, velozmente. DUCHAMP era dadaísta e pintou este quadro futurista. Isso acontece muito na História da Arte: um artista pertence a uma escola e pinta no estilo de outra. Você achou a obra estranha, não é, Daniela? Mas é que os futuristas consideravam a velocidade uma beleza nova criada pela técnica. Vamos ver o que vocês acham deste quadro de PICABIA, "O Menino Carburador".

– Mas onde é que está o menino, hein?

– Este quadro está na linha de Freud. É uma sátira, e PICABIA inventava mecanismos absurdos para criticar a mecanização do mundo moderno.

– Vejam este detalhe de "Formas Automáticas" de Hans ARP: ele explora o automatismo psíquico como fonte de criação artística, conforme os ensinamentos de Freud.

– O que eu achei mais engraçado de todos foi o "Nu Descendo uma Escada" de DUCHAMP – disse Daniela.

– Esse D<small>UCHAMP</small> era terrível. Certa vez enviou ao Salão dos Independentes, de Nova York uma privada como escultura com o nome de "Fonte".

– Nossa! Que coragem ele teve!

– E isso não é nada, Daniela. Como o júri recusou a peça, D<small>UCHAMP</small> demitiu-se da comissão julgadora. Em 1920, enviou a Mona Lisa com bigodes e cavanhaque a uma exposição de Paris. Vejam aqui a pobre Mona Lisa de bigodes.

– Que horror! – exclamou Daniela! – Ele assassinou a Mona Lisa!

– Pois eu gostei – exclamou Marcelo. Parece coisa de criança que fica pintando bigode e cavanhaque nas figuras!

– Pois é, Marcelo. Embora a obra dadaísta dê a impressão de uma atitude infantil, ela pretende, pela brincadeira, escárnio, intuição, ridicularizar a sociedade, a Arte e a cultura tradicionais. Vou explicar:

Marcel D<small>UCHAMP</small> (1887-1968) "Mona Lisa de Bigodes" – E.A.O.O.Q.

– Houve uma época em que os dadaístas, os expressionistas, os surrealistas, enfim, os modernistas, pintavam quadros ousados e faziam coisas extravagantes, somente para chocar o público. Já falamos sobre isso. Eles queriam chamar a atenção para o que estava acontecendo no mundo, mostrar que as obras do passado estavam ultrapassadas e, principalmente, queriam se destacar no campo das artes. Marcel DUCHAMP, surrealista e dadaísta, ridicularizou DA VINCI, colocando bigodes e cavanhaque na Mona Lisa, como se isso pudesse destruir a beleza clássica de uma imagem que havia vencido o tempo.

– Deixa que eu continuo, Emílio – Embaixo da Mona Lisa ele escreveu cinco letras: E, A, O, O, Q. Essas letras, *Él Áche O O Kiú*, lidas em francês, ligadas soam como "Elle a chaud au cul", uma espécie de código, que em português, significa "Ela tem fogo no rabo".

Marcelo riu e Daniela exclamou:

– Tia, mas é um palavrão!

– Isso mesmo, Daniela. Pois DUCHAMP não queria chocar o público? Ele conseguiu. Imaginem o escândalo que esse quadro causou! Agora, acontece que a "Mona Lisa de Bigodes" está em livros, museus e galerias de Arte, de todo o mundo. Não se pode ignorar o significado dessas palavras escritas em baixo dela.

– Marta, diante dos programas de televisão exibindo sexo, sem nenhuma cerimônia, com artistas falando palavrões, com tantas baixarias e atidudes de mau gosto, essas cinco letrinhas até perdem a sua força de expressão.

– Depois, Emílio, não se trata de uma pessoa xingando a outra, gratuitamente. As letras fazem parte de uma importante obra de arte. Os livros, museus e galerias de Arte vivem exibindo bumbuns de homens, de Andy WARHOL (1928-1987); as mulheres de Gustave COUBERT (1928-1987), mostrando as partes íntimas; a mulher agachada de REMBRANDT, fazendo xixi e tantos outros temas eróticos de homens e mulheres exibindo seus órgãos sexuais. Essas obras estão nos museus e ninguém vai passar por elas, virando a cara, por vergonha ou discriminação. É preciso enfrentar com educação, mente limpa e coração aberto, as obras de arte como essas. Procurar saber o que significam e o quê o artista quis dizer. E depois, não há mal algum, em achar graça e rir à vontade, porque além de chocantes, algumas são engraçadas.

Concretismo

1917

a mesma época do Abstracionismo, naquela terra que fica abaixo do nível do mar...

– Já sei – interrompeu Daniela –, é a Holanda, terra dos moinhos de vento, das tulipas, dos tamancos de pontas viradas para cima...

– Que sabida, menina – disse o tio sorrindo. – Isso mesmo! Na Holanda, onde tudo é traçado com rigor na luta de conquistar a terra do mar, surge Pieter Cornelis MONDRIAN (1872-1944), com o Neoplasticismo, Arte abstrata geométrica, rigorosamente matemática, que influenciou, no mundo moderno, as habitações, os objetos, a arte industrial e publicitária. O pintor, escultor e jornalista Theo VAN DOESBURG foi atuante figura desse movimento a que chamou mais tarde de Concretismo. Theo e MONDRIAN fundaram o grupo *De Stijl* (O Estilo), que deu nome a uma revista para divulgação de suas ideias. Com a morte de VAN DOESBURG, em Paris, em 1931, MONDRIAN passou a ser personagem principal do Concretismo. Um crítico, referindo-se às influências do Concretismo em todas as artes, disse que "vivemos num mundo de formas mondrianescas, desde o arranha-céu até a geladeira que compramos". Outro crítico escreveu: "O estilo concretista reduz a pintura a elementos geométricos simples e a algumas cores puras". E é nesse estilo que MONDRIAN, emigrado para os Estados Unidos, representa a vida dinâmica de Nova York retratando-a em suas obras: "Broadway" e "Boogie-Woogie", que estão no Museu de Arte Moderna de Nova York. Lembrem-se de que o Concretismo ou Neoplasticismo é a manifestação mais importante do Abstracionismo Geométrico.

SURREALISMO

1924

Na cidade de Zurique, onde nasceu o Dadaísmo, a Psicanálise estava na moda. Psicanálise, também chamada a ciência do inconsciente, é um método especial de tratamento para curar doenças nervosas, criado pelo grande médico psicanalista austríaco, Sigmund Freud – pronuncia-se *Froid*. Ele divulgou suas teorias e pesquisas, o que influenciou os artistas e estudantes de Psicanálise a fazer o que o poeta Guillaume Apollinaire (1880-1918) batizou de Surrealismo. O escritor francês André Breton (1896-1966) acreditava que a pintura e a escultura, no Surrealismo, seriam concebidas como transposições plásticas da poesia. Em 1924, escreveu um manifesto assinado por muitos intelectuais.

– O que é um manifesto? – perguntou Daniela.

– É uma coisa que se manifesta, isto é, uma declaração pública ou solene por meio da qual se luta por certos ideias ou direitos.

– Acho que eu vou fazer um manifesto com as crianças da escola para lutar contra a guerra dos papagaios – disse Daniela.

– Sabe, tio, é uma guerra que certos meninos maus começaram contra as pipas, os papagaios. Eles colam vidro, giletes, pedaços de madeira, pedrinhas nos fios de suas pipas e vão empiná-las ao lado de outras, com a finalidade de derrubá-las e se apoderar delas. Eu vi isso na televisão um dia destes. Os meninos estavam reclamando. Depois, é muito perigoso, pode ferir alguém.

– Pois você faz muito bem, Daniela, em fazer esse manifesto. Só que me parece que a sua atitude é mais dadaísta, porque vai protestar contra uma guerra, a guerra dos papagaios.

– Então eu acho que não sou uma surrealista e sim uma dadaísta!

– Eu também – disse Marcelo – queria fazer um manifesto, protestar contra os pichadores. Os prédios e os muros da cidade estão pichados, sujos e feios!

– Pois é, Marcelo. O bom seria dirigir essa garatuja toda, para o grafite. Em vez de sujar as paredes, os grafiteiros poderiam fazer belos desenhos para enfeitar a cidade.

– O que é garatuja, tia? – perguntou Daniela.

– São rabiscos, gatafunhos. É o que fazem as crianças quando são pequenas.

– Marta, temos uma boa oportunidade para falar do Basquiat.

– É verdade, Emílio. – Jean Michel BASQUIAT (1960-1988) foi um dos grafiteiros mais famosos do mundo. Nasceu em uma família negra, de classe média alta do Taiti, onde o pai era Ministro do Interior. Aos três anos já desenhava nas paredes e reproduzia os desenhos animados da televisão. Quando a família se mudou para Nova York ele tinha seis anos e já tinha carteira-mirim para frequentar o Moma (Museu de Arte Moderna). Ele gostava de pintar camisetas que vendia nas ruas.

– É bom saber – disse o tio – que essa mania de grafitar muros e paredes, começou em Paris, 1968, quando os jovens insatisfeitos com a política, para demonstrar o seu descontentamento, pichavam tudo o que aparecia pela frente. Por muito tempo, essa Arte foi considerada uma transgressão, uma infração, isto é, uma violação da lei.

– BASQUIAT pichou as ruas de Nova York, sem imaginar que o seu trabalho logo atrairia a atenção do mundo. Tornou-se grande amigo de Andy WARHOL, (1928-1987) artista "Pop", que pintava latas de sopa e tampinhas de refrigerantes. Ele arranjou moradia para o amigo grafiteiro. Comprava-lhe o material de pintura e divulgava o seu trabalho. BASQUIAT se dedicou também à música e ligou-se às expressões de momento, "rap", "hip hop", "brake" e "new wave". Tornou-se, enfim, um artista internacional de vanguarda, quer dizer, que está na dianteira. O antônimo, – quer dizer, o contrário, o oposto – é retaguarda, o que está lá atrás, o que fica por último.

– Que sorte ele teve, tia.

– É mesmo, Marcelo. Famosos *marchands* de Arte, do mundo inteiro, se interessaram pelo seu trabalho e venderam suas obras. Entre elas, está a Mona Lisa que ele transformou numa figura horrorosa!

– Quer dizer, tia que ele também assassinou a Mona Lisa? Não sei porque os artistas não deixam a coitada em paz!

– Mexer com a Mona Lisa, Marcelo, dá destaque ao artista, põe a sua obra em discussão. BASQUIAT expôs nos principais museus e galerias do mundo. Participou da famosa Exposição de Kassel, na Alemanha e teve sala especial, na 23ª Bienal de São Paulo, de 1996.

– Infelizmente, Marta, ele se afundou nas drogas.

– É verdade. Foi uma pena! Eu já lhes disse, crianças, mil vezes! As drogas não servem para nada. Enlouquecem e matam! E foi de overdose de heroína, – *over* quer dizer excesso –, BASQUIAT morreu, em 1988 com apenas 28 anos. Sua morte, pôs fim à brilhante carreira do primeiro afro-americano a conseguir penetrar no fechado e difícil mundo da arte nova-iorquina e ainda ser reconhecido no mundo inteiro!

– É por isso, tio, que eu também quero fazer um manifesto dadaísta!

O tio sorriu e continuou:

– É uma boa coisa, mas voltemos ao Surrealismo. Muitos intelectuais assinaram o manifesto de Breton, querendo provar que o irreal é tão verdadeiro quanto o real e vice-versa; os surrealistas verdadeiros não têm olhos físicos, afirmavam, e podem retratar as manifestações do inconsciente.

– Como assim? – perguntou Marcelo.

– Por exemplo – tentou explicar o tio –, eles queriam retratar coisas do inconsciente, como esquecimento, desejos, trocas de palavras, coisas em suma que fazemos sem querer, independentes do controle da nossa razão ou da nossa vontade. Pois foram essas manifestações, vindas do inconsciente, que passaram a interessar os artistas e intelectuais refugiados durante a grande guerra na Suíça. William BLAKE (1757-1827), famoso poeta, pintor e gravador inglês, foi um dos grandes precursores do Surrealismo.

– Por tudo o que o senhor falou – observou Marcelo – parece que os poetas participaram muito do Dadaísmo e Surrealismo, não é?

– Sim. Eles foram os grandes capitães do Surrealismo, onde apareceria o pintor surrealista mais divulgado, o espanhol Salvador DALI (1904-1989). O nome dele completo, é, Salvador Y Felipe Jacinto Dali I Domènech. Ele disse: "Como querem que os demais compreendam os meus quadros quando eu mesmo não os entendo? O fato de eu mesmo não os compreender, não quer dizer que não tenham significado".

Em 1930, DALI foi condenado pelos surrealistas. Como era um pintor de ideias extravagantes, lançou uma doutrina para desmoralizar a realidade, o que criou uma grande confusão. Denominou-a de "Paranoia Crítica".

– O que quer dizer paranoia? – perguntou Daniela.

– É um estado mental com sintomas de loucura. E agora vamos apreciar algumas obras do Surrealismo Figurativo: "O Cristo de São João da Cruz" e "Girafa em Chamas", de DALI, e "A Bela Jardineira", de Paul KLEE (1879-1940).

– Tio, fale de outros artistas surrealistas – pediu Marcelo.

– Bem, existem os surrealistas figurativos: Dali, Chagall, René Magrite (1898-1967), Paul Delvaux (1897-1994). E os surrealistas abstratos: Joan Miró (1893-1983), muitos o chamam de Juan – há pouco tempo suas obras estiveram expostas no Museu de Arte Moderna de São Paulo –, Yves Tanguy (1900--1955), Hans Arp (1887-1966).

Salvador Dali (1904-1989). "A Persistência da Memória".
Museu de Arte Moderna, Nova York (Estados Unidos).

Tachismo

1945

Tia Marta entrou na sala com uma jarra de suco de maracujá e todos o saborearam com prazer. Até Michelangelo quis prová-lo.

– Bem, crianças, vamos continuar o papo – disse o tio. – Vamos falar agora do Tachismo.

– Tachismo? Pelo nome deve ser a arte de fazer tachinhas – brincou Daniela.

– Ora, Daniela, deixe de ser boboca – falou Marcelo.

– Boboca, não – defendeu tia Marta –, ela tem muita razão! Qualquer pessoa pode pensar que o nome tem algo a ver com tachinhas. – E piscou para a menina que sorria divertida.

– A palavra Tachismo – explicou o tio – deriva da palavra francesa *tache*, que quer dizer mancha. Nessa arte, manchas pequenas ou grandes são lançadas livremente na tela. Os tachistas observavam os muros velhos, as erosões, as rachaduras nas paredes, as manchas causadas pela chuva e pela umidade. Achavam que tudo isso tinha um valor expressivo pelas coisas que despertavam no espírito.

– É mesmo. Se a gente reparar bem num muro velho, coberto daquele veludo verde, é mesmo muito bonito e forma desenhos originais.

– É verdade, Marcelo. O próprio Leonardo Da Vinci já havia chamado a atenção dos pintores, lembrando que as paredes e os muros velhos poderiam ser fonte de grande inspiração para as pinturas, devido às formas e cores estranhas que apresentam. É preciso muito cuidado para não confundir o Tachismo com o Abstracionismo Expressionista. Existem dois tachistas muito conhecidos: Pierre Soulages (1919) e o suíço Gérard Schneider (1896-1986). Muitos consideram Pollock um dos principais tachistas. Mas logo mais falaremos dele. Antes de deixar a sala, tia Marta falou:

– Marcelo, aquele veludo verde a que você se referiu chama-se musgo.

Pierre Soulages (1919). "Pintura 30".

GRAFISMO
1952

—ntão, como vimos – lembrou o tio – o Tachismo manifesta-se por meio de manchas. O Grafismo exprime-se graficamente, isto é, por meio de linhas e traços. É uma versão linear do automatismo do Tachismo. Essa tendência foi inspirada nos ideogramas, ou seja, na caligrafia oriental, especialmente japonesa e chinesa. Jackson POLLOCK (1912- -1956), entre os americanos, é apontado como um dos criadores do Grafismo. Ele era um pintor automático, quer dizer, não esperava o intelecto ou a razão comandar suas obras. Armava-se de bules, regadores cheios de tintas. Jogava as tintas na tela com as mãos, movimentava-se, andava de um lado para outro, pulava, borrifava sua tela aqui e ali de tintas. Colocava a tela sobre o chão e pulava sobre ela para conseguir efeitos extravagantes. A sola de seus sapatos estavam sempre sujas de tinta.

– Esse ganhou de todos – disse Daniela. – Dos pintores que o senhor falou esse é o mais maluco.

Tio Emílio deu uma gostosa gargalhada:

– Na verdade, ele parecia mesmo um maluco. Mas estava apenas tentando traduzir uma tendência. Como os dadaístas e os surrealistas, ele queria comunicar às linhas e cores o dinamismo do seu próprio gesto físico. O crítico Arnold Rosenberg chamou essa tendência, considerada como agressiva, de *Action- -Painting*, isto é, ação-pintura, ou pintura de ação, que procurava expressar a angústia e as tensões do ser humano moderno, que vive uma vida vertiginosa, difícil, trepidante.

– Os caminhos da Arte são muito engraçados, não é tio?

– Não somente engraçados, Marcelo, mas também estranhos. Entretanto, os seres humanos é que são estranhos e imprevisíveis e nunca se sabe de que maneira vão reagir por meio da Arte, para abrir seus caminhos. Os grafistas defendiam um princípio como todos os outros. O deles era criar Arte, por excelência universal, por meio de movimentos como o de Jackson POLLOCK, que estivesse acima das diferenciações raciais e nacionais. Embora a maneira deles agir pareça agressiva, estranha ou engraçada, eles tinham um objetivo importante. Aqui está uma obra de POLLOCK: chamada "Número 18".

Jackson Pollock (1912-1956). "Número 18". Museu Solomon R. Guggenheim.

Pop-Art

1960

A denominação *Pop-Art* vem do inglês popular, popular art. É uma corrente que surgiu nos Estados Unidos por volta de 1960. Os artistas começaram a levar para seus trabalhos assuntos de política, guerra, crítica, publicidade, de tudo, enfim, que achassem errado; criticavam, sobretudo, o ser humano dirigido pela propaganda. Foi quando apareceu a *Pop-Art* na Inglaterra como expressão crítica da moderna civilização urbana e industrial. Essa arte utiliza objetos do dia a dia, como o jornal, varetas de guarda-chuva, sucata, garrafas de refrigerante, rodas de carro, máquinas, pregos, parafusos e outros materiais; tudo isso mostrado como Arte para alertar sobre a massificação. A *Pop* é uma imagem da sociedade em que vivemos. Edward HOPPER (1882-1967), Robert RAUSCHENBERG (1925-2008), Guy PEELLAERT (1934-2008) e Andy Warhol (1927-1987) são artistas Pop. Exemplo dessa arte é a obra "Pravda", de PEELLAERT.

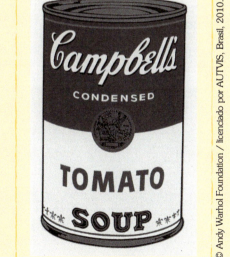

Andy Warhol (1927-1987)
"Gravura da lata de sopa Campbell".

Op-Art

1960

Op-Art também vem do inglês, *Optical-Art* e surgiu também por volta de 1960. É conhecida como Arte Cinética ou Arte do Movimento. Ela expressa o sentimento ou a sensação da velocidade dos tempos em que vivemos. É uma arte óptica, isto é, feita para os olhos, utilizando reproduções de figuras geométricas que dão a impressão de movimento.

– Acho que se parece com aqueles desenhos que a gente faz na escola e que dão ilusão de ótica, não é tia?

– Exatamente, Marcelo. A Op-Art provoca nos observadores uma ilusão de duplicidade. Ele pode ver duas linhas onde existe apenas uma, ou ainda pode ter a impressão de movimento como linhas curvas girando, uma porção de outras sensações que essa Arte provoca. O húngaro Victor VASARELY (1908-1997) é o artista mais expressivo da Op-Art, com o seu "Zoom" e outras obras. Ele conquistou o prêmio Bienal de São Paulo, em 1965. Com a Op-Art vamos chegando ao fim do nosso papo. Poderíamos ainda falar de muitas outras artes: Arte Conceitual, Arte de Participação, Arte Povera (pobre), Vídeo-Arte, Arte Xerográfica, *Mail Art*, Colagens, *Art Kitsch*. Mas vamos deixá-las para outra ocasião. Saibam que a criatividade não tem fim. Em nossos tempos, a natureza e a máquina encontram-se pela mão do artista. Novas escolas vão surgindo a cada momento, mas ainda não estão documentadas e só podem ser apreciadas em galerias de Arte ou bienais.

CÂNDIDO PORTINARI

— Agora, para encerrar este roteiro de Arte – disse tio Emílio –, vamos falar de um dos mais excelentes artistas do Modernismo brasileiro: Cândido Torquato PORTINARI (1903-1962). Esse grande pintor, conhecido internacionalmente, nasceu numa fazenda de café, em Brodósqui, interior do estado de São Paulo, no dia 29 de dezembro de 1903. Era uma criança pequena e mirrada que vivia fazendo garranchos desde pequeno. Certa noite, olhando o céu, ele viu uma linda estrela e desejou que fosse sua. Compreendendo que jamais a conseguiria, desenhou e pintou uma estrela para possuí-la. Aos nove anos começou a ajudar no trabalho de restauração e decoração da igreja de sua cidade natal, pintando estrelas no teto. Sobre isso, Carlos Drumond de Andrade escreveu uma linda poesia que começa assim: "Entre o cafezal e o sonho, o garoto pinta uma estrela dourada na parede da capela, e nada mais resiste à mão pintora. A mão cresce e pinta o que não é para ser pintado mas sofrido".

— Que bonito, tio! – exclamou Daniela. – Eu penso que os pintores são muito felizes porque podem possuir tudo o que desejam, desenhando e pintando.

— Pois foi o que PORTINARI descobriu quando pintou a estrela. Ele vivia rabiscando pelos cantos da casa e até no quintal. Certo dia, a mãe de Candinho, como todos o chamavam, descia do cafezal e viu o filho sentado junto à vaca Conquista, rabiscando. Ela espiou por cima de seus ombros e perguntou o que eram aqueles rabiscos.

— A senhora, não está vendo, mamãe?

Dona Domingas olhou mais de perto.

— Veja: essas pintinhas maiores são Febo e Minerva, e esta bolona aqui é a senhora.

– Essa bolona sou eu? Pois eu nunca vi uma pessoa com pernas e os braços feitos risquinhos e a cabeça parecendo uma abóbora!

As crianças riram das graças de PORTINARI e o tio continuou:

– Aos 16 anos foi estudar na Escola Nacional de Belas Artes, do Rio de Janeiro, e descobriu uma coisa muito importante: que por meio da pintura podia comunicar-se com as pessoas, dizer tudo o que sentia. Quatro anos mais tarde, estava expondo seus trabalhos no Salão Nacional de Belas Artes. Foi grande amigo dos meninos de Brodósqui e os retratou em muitos quadros: "Meninos Brincando", "Meninos com Estilingue", "Menino Chorando", "Crianças Brincando", "Lembrança de Minha Infância", "Molecada na Cidade", "Enterro de Criança", "Caçando Passarinho". Pintou também meninos de Mailawsky e muitos outros. Aqui estão alguns deles.

– Que rostos estranhos, tio!

– Isso porque, Marcelo, ele fazia pintura social onde denunciou todas as misérias humanas. Fazia figuras tristes, esquálidas, desnutridas, de homens, mulheres e crianças, como as deste quadro, "Os Retirantes".

– Que figuras impressionantes!

– São personagens dramáticas fugindo da seca, Marcelo. Um dia perguntaram a PORTINARI por que pintava gente tão feia e miserável, e ele respondeu que o fazia porque, olhando o mundo, era só o que via: miséria, fome e desolação. Muito doente e intoxicado pelo cheiro das tintas, morreu em seu apartamento de Copacabana, no Rio de Janeiro, em 1962. Foi um dos maiores pintores brasileiros e um dos poucos que alcançaram fama no mundo inteiro. "Café", uma tela muito famosa, encontra-se no Museu Nacional de Belas Artes. Seus quadros valem verdadeira fortuna. Fez maravilhosos murais como o "Descobrimento do Brasil", "Primeira Missa", "Tiradentes" e os famosos "Guerra" e "Paz", dois grandes painéis que se encontram na sede da ONU, em Nova York.

– Marcelo – pediu o tio –, embora o maior destaque seja para Cândido PORTINARI, vamos fazer uma pequena lista dos nomes de alguns pintores brasileiros, porque não dá para falar de todos agora. Creio que será de muita utilidade para você e Daniela, na escola. Anote aí: José Ferraz de ALMEIDA JÚNIOR (1850-1899), BENEDITO CALIXTO de Jesus (1853-1927), PEDRO ALEXANDRINO Borges (1856-1924), OSCAR PEREIRA DA SILVA (1867-1939), RODOLFO AMOEDO (1857-1941), DARIO VILLARES BARBOSA (1880-1952), Antonio Diogo da Silva PARREIRAS (1860-1937), BELMIRO BARBOSA de Almeida (1858-1935), João BATISTA DA

Cândido Torquato PORTINARI (1903-1962). "Os Retirantes".
Masp – Museu de Arte de São Paulo.

COSTA (1865-1926), Emiliano DI CAVALCANTI (1897-1976), ALDEMIR MARTINS (1922-2006), ALDO BONADEI (1906-1974), FLÁVIO Rezende de CARVALHO (1899--1973), CLOVIS GRACIANO (1907- 1988), ARCÂNGELO IANELLI (1922-2009), THOMAZ IANELLI (1932-2001), Francisco REBOLO González (1902-1980), LUCÍLIO DE ALBUQUERQUE (1877-1939), ARTHUR TIMÓTEO DA COSTA (1822-1923), PAULO DO VALLE JÚNIOR (1886-1958), Antonio GOMIDE (1895-1967), Odeto GUERSONI (1924--2007), Mário ZANINI (1907-1971) e muitos outros.

– Que machismo é esse, gente? – interrompeu tia Marta. – Emílio, você se esqueceu das mulheres?

– Você tem razão, Marta, deixo as mulheres por sua conta.

– Então, anote aí, Marcelo: GEORGINA de Moura Andrade ALBUQUERQUE (1885-1962), mulher de Lucílio de Albuquerque, TARSILA DO AMARAL (1886-1937), ANITA MALFATTI (1889-1964). Anita e Tarsila participaram da Semana de Arte Moderna de 1922. Foram pintoras famosas, importantes! – disse a tia, empolgando-se. – E ainda há muitas outras, mas isso fica para outra ocasião.

– Marta, lembrei-me de dois pintores que também merecem atenção: VICTOR MEIRELLES de Lima (1832-1903) e PEDRO AMÉRICO de Figueiredo Ferraz (1843-1905). Ambos eram famosos. Estudaram na Europa, foram professores da Academia Imperial de Belas Artes e executaram pintura histórica de grande valor. PEDRO AMÉRICO, tinha nove anos, quando acompanhou uma missão científica, como desenhista.

– Então, tio, ele era um gênio?

– Acho que sim, Daniela. Mas VICTOR MEIRELLES também era genial. Dizem que eles não se gostavam. Talvez por ciúmes profissional, seja lá o que for, estavam sempre brigando.

– Pelo que sei, Emílio, certa vez – não sei muito bem como é a história –, PEDRO AMÉRICO colocou à porta de seu ateliê um cartaz com estes dizeres: "Todos podem entrar nesta casa, menos VICTOR MEIRELLES". Este não se aborreceu e também colocou um cartaz à porta do seu estúdio que dizia: "Todos podem entrar nesta casa, inclusive PEDRO AMÉRICO".

– Eu não sei não, Marta, mas acho que você trocou os nomes, porque me parece que quem começou a briga foi VICTOR MEIRELLES.

– Bem, o que vale é o fato em si. Um deles foi melhor do que o outro.

– PEDRO AMÉRICO – disse o tio – é autor do quadro "Batalha do Avaí", da guerra do Paraguai e do famoso "Grito do Ipiranga", e o VICTOR MEIRELLES é autor dos quadros "Combate Naval de Riachuelo" e "Passagem de Humaitá", também da guerra do Paraguai. Fez bons retratos de Dom Pedro II e da Princesa Isabel. Imaginem que VICTOR MEIRELLES foi ao campo de batalha, pintar os momentos decisivos da Guerra do Paraguai!

– Emílio, sei que combinamos dar destaque, neste papo, a PORTINARI, porque não teríamos tempo para falar de todos os artistas brasileiros e depois, os garotos vão viajar para a Europa, daqui há três dias. Mas já que você saiu do esquema e falou sobre o VICTOR MEIRELES e o PEDRO AMÉRICO, eu também gostaria de falar de um pintor que eu gosto muito, o Alfredo VOLPI, modesto camponês

PEDRO AMÉRICO (1843-1905) "Grito do Ipiranga", Museu do Ipiranga, São Paulo.

VICTOR MEIRELES, "Combate Naval de Riachuelo".
Museu Histórico Nacional, Rio de Janeiro.

na Itália que se tornou grande pintor no Brasil. Ele nasceu em Lucca, terra dos meus avós, em 1986 e morreu em São Paulo, em 1988.

— Já sei, tia, é aquele pintor das bandeirinhas.

— Isso mesmo, Marcelo. Ele pertenceu ao Grupo "Santa Helena", formado por artistas plásticos que costumavam se reunir, por volta de 1930, num palacete, na Praça da Sé, ao lado da catedral, chamado Santa Helena. Daí, o nome do grupo. Esse edifício foi demolido em 1971 para dar lugar à estação Sé do Metrô.

— Lembro-me, Marta, que faziam parte do grupo: Alfredo VOLPI (1896--1980), Mario ZANINI (1907-1971), Francisco Rebolo GONZÁLEZ (1902-1980), Clovis GRAZIANO (1907-1988), Aldo BONADEI (1906-1974), Fulvio PENNACCHI

(1905-1992), HUMBERTO ROSA (1908-1948), MANUEL MARTINS (1911-1936), Alfredo RIZZOTTI (1909-1972).

– Todos os pintores do grupo – continuou tia Marta – eram de origem humilde. Alguns, imigrantes, eram obrigados a exercer outras atividades para poderem sobreviver. Vamos ver alguns deles: VOLPI e ZANINI eram pintores de parede; REBOLO, jogador de futebol e empreiteiro de obras; BONADEI, figurinista e bordador; ROSA, professor de desenho; GRAZIANO, ferroviário; RIZZOTTI, mecânico; MARTINS, ourives; PENNACCHI, açougueiro e professor de desenho.

– O grupo – continuou o tio – comprava material de pintura, na casa de tintas do avô de Marta, na rua Onze de Agosto, na Praça da Sé. Essa rua, também foi demolida, para a construção da catedral. Essa história, crianças, nos ajuda a preservar a memória de São Paulo.

– É verdade, crianças. VOLPI e todos esses pintores foram amigos do meu avô. Um dia, VOLPI nos visitou em nossa chácara, à beira do Tietê e inventou de pintar o meu retrato. Eu era uma meninha de quatro anos, e ele me pintou toda suja de terra, despenteada, com os laçarotes dos cabelos desfeitos, as meias e as calças caindo, correndo atrás de uma galinha pela beira do rio.

– Esse quadro deve valer uma fortuna, tia!

– É verdade, Marcelo.

– Principalmente com você, tia, correndo e perdendo as calçolas!

Tia Marta riu. – Mas acontece, Daniela, que ninguém sabe onde esse quadro foi parar. É uma pena! Hoje, teria muito valor, principalmente para mim.

– Vocês precisam saber – continuou o tio – VOLPI publicou um livro infantil, chamado *Era Uma Vez Três*. Ana Maria Machado, uma das grandes escritoras para crianças, escreveu o texto e selecionou algumas obras de VOLPI para ilustrar o livro.

– Eu gostaria de ler esse livro, tia.

– Muito bem, Daniela. Vou procurá-lo para você. Começa com estes versos:

> "Era uma vez, três...
> Dois polacos e um francês.
> Ah, me esqueci... Deixa eu contar outra vez.
> Era uma vez, três."

– Gostei. Acho que vou gostar também do livro.

– É muito interessante, Daniela. Conta a história do Um, do Dois, e do Três. O Um queria ficar bem alto no céu; o Dois queria ter muita luz; o Três, queria tudo ao mesmo tempo.

– Essa história me parece bem louquinha – interrompeu Daniela. – Mas deve ser muito legal!

– Eu penso que esse livro serve para crianças da idade da Daniela.

– A história pode ser infantil, Marcelo, mas as ilustrações do VOLPI são muito bonitas! E não precisa idade para apreciá-las. Entre outras, estão "Bandeirinhas Brancas", "Vaso com Flores", "Barcos com Bandeirinhas e Aves" e "Eugenia", retrato da filha do artista, pintado em 1952.

– Lembrem-se – disse tio Emílio – o Grupo "Santa Helena" foi fundamental para a consolidação da Arte moderna, no Brasil e revelou artistas plásticos importantes, do século XX.

– Quando Ana Maria Machado foi convidar VOLPI para fazer o livro –, arrematou tia Marta – ele disse: "O que eu mais queria na vida era ver minha obra nas mãos das crianças".

– E ele conseguiu, não é, tia?

– Sim, Daniela. As crianças o conhecem pelas bandeirinhas.

– E agora, Marta, já que você falou sobre o VOLPI eu acho que vale a pena falar do HÉLIO OITICICA, nascido em 1937 e falecido em 1980, no Rio de Janeiro. Ele é um dos mais importantes artistas brasileiros, talvez o mais revolucionário. Sua obra inovadora, experimental é admirada no mundo inteiro.

– Tem razão, Emílio. E o assunto vem mesmo a calhar. Pois, imaginem, crianças, que no dia 16 de outubro de 2009, mais de duas mil obras do artista foram destruídas num incêndio. O prejuízo foi avaliado em 200 milhões de dólares. O acervo era mantido na casa do irmão, Cesar Oiticica, no Jardim Botânico, Rio de Janeiro. Cesar lamentou a perda, dizendo: "A maior vítima foi a cultura brasileira".

– Saibam que muitas pessoas choraram! Ele era um artista modesto e gostava de se relacionar com as pessoas pobres, com o povo.

– É bom lembrar, Marta, que OITICICA fundou em 1959, o Grupo Neo-Concreto, ao lado de Lygia Clark (1920-2002) de Amilcar de Castro (1920-2002) e de Ferreira Gullar (1930), um dos mais importantes poetas brasileiros vivos.

– Eu me lembro, tia – disse Marcelo – você nos levou à Bienal e nós vimos a obra de Lygia Clark, "Bichos".

— A gente podia mexer, brincar com a escultura — comentou Daniela. — Foi muito legal!

— Isso, é o que se chama de arte interativa. O público pode intervir, tocar, mexer, nas obra de arte. E isso era tudo o que OITICICA queria. Ele expôs nos museus mais importantes do mundo e sua obra é imensa: bólides, penetráveis, pinturas suspensas, metaesquemas, ninhos, objetos escultóricos, quase-cinemas, ambientes penetráveis e habitáveis, cosmococas e parangolés.

— Tia, o que é parangolé?

— É uma espécie de bandeira, capa, estandarte, tenda, feita com tecidos coloridos e suportes interessantes como borracha, palha, corda. Parece — dizem — que tudo se move em ritmo de samba, quando alguém o veste. Não me lembro, quem afirmou, Marta, que "O primeiro parangolé foi calcado na visão de um párea da família humana que transformava o lixo que catava nas ruas, num conglomerado de pertences".

— Oiticica também dizia que "o parangolé não é para ser visto é para ser vestido. O corpo se faz obra e dançarina, o espectador. Quando alguém o veste compõe com ele, um transobjeto. O parangolé não serve para nada. É quem o usa que serve para revelá-lo". O parangolé é também chamado de escultura móvel. Que pena! Muitos parangolés foram destruídos no incêndio.

— Tia, eu quero saber o que é Cosmococa.

— Antes, Marcelo, é preciso saber que em 1973, OITICICA e cineasta Neville de Almeida, se encontraram em Nova York e criaram o cosmococa. Nem eles sabiam muito bem no que iria dar. São imagens — dizem —, para se ver com o corpo, instalações com projeções de fotos e músicas. O objetivo da cosmococa era integrar o público no espaço deitado em colchões, redes e até dentro de uma piscina. O público podia mergulhar na piscina e ficar assistindo à projeções de fotos numa capa de disco de John Cage, em duas paredes, ao mesmo tempo e, também, admirar os reflexos das fotos, dentro da água.

— Que legal, tia! Estou amando essa obra de arte — exclamou Daniela — e eu queria estar lá. E a gente fica toda molhada, será que é preciso ir de maiô?

— Bem, se você quiser, mas há toalhas à disposição do público.

— Olhe, o cosmococa levou 30 anos para ser levada para um museu, Marta! Não é fácil, a sua montagem. Uma delas se chama "Nocagions". Uma curiosidade é que os espectadores podem admirar as obras, de pé, de bruços, de lado, deitado no chão, em redes.

– Que legal! – exclamou Daniela.

– Lembrei-me, Emílio, que a Yoko Ono, a mulher de John Lennon, aparece num cosmococa, falando, deitada num chão de espuma. Em outro, a artista Marylin Monroe aparece com o escritor Norman Mailer e o público pode brincar, deitar e rolar num chão de vinil que cobre ondas de areia e balões coloridos. Em "Hendrix War", o espectador pode se deitar em redes, para ouvir o guitarrista Jimmi Hendrix tocar e, ao mesmo tempo, admirar suas fotos que cobrem as quatro paredes e o teto da instalação.

– Que Arte mais louca, tia. – exclamou Marcelo. Mas sabe que eu gostei?

– Eu também – disse Daniela. – O que mais gostei foi da piscina!

– Isso, garotos, é para dar uma pequena visão da imensa obra do artista. Infelizmente, Hélio Oiticica morreu com 41 anos. Imagine se ainda estivesse vivo, o que não faria para revolucionar mais ainda, o mundo da Arte! Teríamos obras mirabolantes!

– Marta, sabe que eu nunca soube muito bem como foi aquela conversa do Ferreira Gullar com o Hélio Oiticica. O poeta teria proposto ao Hélio fazer uma exposição para começar às 17 horas e terminar às 18 horas. Mas o Hélio teria que colocar explosivos dentro das obras. O público as admiraria e quando desse 18 horas, teria que sair. Pois a mostra teria acabado e ai, se detonaria a exposição.

– Que coisa mais louca! – observou Marcelo. Explodir a mostra? Parece que o Ferreira Gullar não gostava das obras do Oiticica e queria detoná-las.

– Ou então, queria recriar um ambiente modernista e ousado, capaz de chorar o mundo. Quem sabe?

– E o que aconteceu, tio?

– Bem, Marcelo, eu nunca soube no que deu esse papo louco, sei apenas que o Hélio teria respondido, simplesmente: "Eu não vou detonar as minhas obras."

– Minha Nossa! – exclamou Daniela. – Muitos artistas e poetas são bem lelés da cuca, não é tia?

Todos acharam graça e o tio explicou que o penetrável "Tropicália", influenciou o movimento tropicalista, na música brasileira.

– Bem garotos, vocês já conhecem agora, o VOLPI e o Hélio OITICICA. E agora, uma boa notícia. Os estragos feitos pelo incêndio, não foram tão grandes como se imaginou e uma grande parte das obras de Hélio, logo após a tragédia, começaram a ser restauradas.

As crianças estavam muito felizes com o que aprenderam.

Não era aniversário de ninguém, mas tia Marta fez um bolo enorme para festejar a viagem das crianças. Visivelmente emocionado, tio Emílio tirou os óculos e pôs-se a limpá-los. Nos seus olhos via-se a tristeza que sentia por ter de se afastar por muito tempo dos sobrinhos. Enquanto tia Marta arrumava a mesa para servir o chá, tio Emílio falou:

– Terminamos nosso papo sobre Arte. Espero que tenham gostado e aprendido o bastante para poder apreciar com inteligência e sensibilidade as

Hélio Oiticica (1937-1980). "Parangolé".

maravilhas da Arte que estão no Velho e no Novo Mundo. Lembrem-se, entretanto, de que tudo o que vimos foi apenas uma pequena mostra. Muita coisa ficou por dizer, muitos artistas por ser mencionados. Algumas opiniões são minhas e podem não coincidir com as de alguns especialistas. Os próprios historiadores têm opiniões diferentes a respeito de uma porção de fatos, não sendo possível agradar, ao mesmo tempo, a gregos e a troianos. Por isso quero dizer-lhes as sábias palavras que Phelippe Nunes escreveu em seu *Tratado de Pintura, Simetria e Perspectiva*, em 1767.

– "Aprenda quem não souber, emende e acrescente quem souber e todos deem graças ao Senhor".

– É, esse tal Nunes era vivo e sabia muito bem o que estava falando –, disse tia Marta – mas agora vamos ao nosso chá de despedida.

– Tio, parece mentira que a gente vai viajar num Boeing 777 e que nele caibam mais de 300 pessoas!

– E a gente pode escolher o lugar de acordo com o filme que prefere assistir! – acrescentou Marcelo.

Daniela estava animada e falava pelos cotovelos:

– Dizem que a gente pode ouvir música nos fones de ouvido, que a comida é muito gostosa, se pode comprar uma porção de coisas no avião.

– É isso mesmo, crianças – disse o tio –, acho que vocês farão uma belíssima viagem! Mas, não se esqueçam de que as viagens exteriores que não se sintonizam com as viagens interiores, não têm nenhum valor!

– Pena que você e tia não podem ir com a gente – lamentou Daniela.

– Não faz mal, um dia iremos todos juntos.

– Quem sabe nesse dia – disse Daniela – o Michelangelo também vai.

Ao ouvir seu nome, o cão pulou ao redor das crianças, agitando a cauda.

– Será que ele vai sentir saudades da gente? – perguntou Daniela acariciando o cachorro.

Michelangelo deitou-se no tapete e começou a gemer baixinho como se compreendesse que, em breve, as crianças iriam deixá-lo.

– Pobrezinho! – disse Daniela –, acho que ele está chorando!

– Deixemos de tristezas e vamos comer – ordenou tia Marta, cortando o bolo. – É muito bom conhecer as coisas bonitas que os homens fizeram através dos tempos. Faz bem ao coração e à mente. Arte é beleza, é vida!

Em Paris

Três dias depois, Daniela e Marcelo chegaram a Paris e foram recebidos com muito carinho por tia Nicole e tio Giovanni. Ficaram pasmados com a beleza e o tamanho do Aeroporto Charles De Gaulle, um dos mais modernos do mundo.

Uma semana depois escreveram uma longa carta, contando todas as maravilhas que estavam vendo: ruas, monumentos, lojas, praças, antiquários, museus, enfim, todas as belezas de Paris. Ainda encantados com o Aeroporto Charles De Gaulle, descreveram-no como se fosse uma base aérea de outro planeta com suas cúpulas de acrílico e imensas escadas rolantes. Falaram das catedrais, do Arco do Triunfo, do Panteão, da Torre Eiffel, dos Champs Elysées, do Jardim de Luxembourg, de La Villette, das obras de Arte, das catedrais, do Teatro Ópera e da comida saborosa que provaram nos bistrôs de Saint Germain. "A aventura – diziam – está apenas começando, e já fizemos uma programação para visitar a Itália e a Espanha, em 20 dias".

Tio Emílio e tia Marta não esconderam a grande satisfação por saber que as crianças estavam aproveitando bem a viagem e foi com grande emoção que olharam a fotografia que veio com a carta: Marcelo e Daniela subindo as escadarias do Louvre, com suas roupetas novas compradas em Paris, cabelos na moda, olhando extasiados para a "Vitória de Samotrácia", guardiã fiel de um mundo que lhes seria desvendado como um dos bens mais preciosos da existência humana: a Arte.

Bibliografia

CAVALCANTI, C. *Conheça os estilos de pintura*. São Paulo: Civilização Brasileira, 1967.

_____. *História das artes*. São Paulo: Civilização Brasileira, 1970.

_____. *Como entender a pintura moderna*. Rio de Janeiro: Editora Rio, 1981.

CHAGALL. Barcelona: Gustavo Gili.

CIVITA, Victor (Ed.). *Arte nos séculos*. São Paulo: Abril Cultural, 1971.

DE MONTERADO, L. *História da arte*. São Paulo: São Paulo Editora, 1968.

DICTIONNAIRE de la peinture moderne. Paris: Fernand Hazan, 1953.

Duarte, P. *Aulas de pré-história*.

DUARTE, P. *O sambaqui visto através de alguns sambaquis*. São Paulo: USP, 1968.

DURANT, W. *História da civilização*. São Paulo: Cia. Editora Nacional, 1959.

ENCICLOPÉDIA de las Artes. Barcelona: Libreria Editorial Argos.

FABRE, J. P. *Picasso*. Rio de Janeiro: Ao Livro Técnico, 1981.

GOYA. Barcelona: Gustavo Gili.

GRANDE ENCICLOPÉDIA Delta Larousse. Rio de Janeiro: Editora Delta.

HAUTECOEUR, L. *História geral da arte*. São Paulo: Difusão Européia do Livro, 1962.

LEICHT, H. *História universal da arte*. São Paulo: Edições Melhoramentos, 1965.

MAUDUIT. J. A. *Quarenta mil anos de arte moderna*. Belo Horizonte: Editora Itatiaia, 1961.

Mc CORNICK, W. *Miguel Angel*: las obras – la Capilla Sixtina. Roma: Casa Editrice Lozzi, 1971.

MULLER, J. P.; ELGART, F. *Un siglo de pintura moderna*. Barcelona: Gustavo Gili.

PINSET, J. *Mitos e lendas da Grécia antiga*. São Paulo: Edições Melhoramentos e Ed. Universidade de São Paulo, 1976.

PORTINARI, A. *Portinari menino*. Rio de Janeiro: Livraria José Olympio Editora, 1980.

READ, H. *História da pintura moderna*. Rio de Janeiro: Jorge Zahar Editores, 1980.

RIVET, P. *As origens do homem americano*. São Paulo: Instituto Progresso Editorial, 1948.

SKIRA, A. *Les grands siècles de la peinture*. Genebra: Skira, 1953.

UGOLOTTI, B. M. *Enciclopédia da civilização e da arte*. Tradução de Sérgio Milliet. São Paulo: Editora Martins, 1962.

UPJOHN, E. M.; WINGERT, P. S.; MAHLER, J. G. *History of world art*. Nova York: Oxford University Press, 1949.

VAN GOGH. Barcelona: Gustavo Gili.